ÉCOLOGIE ET LIBERTÉS

Patrick Scheyder
Nicolas Escach
Valérie Martin

Avec la participation des maisons
de l'Écologie culturelle

ÉCOLOGIE ET LIBERTÉS

Osons l'avenir, l'écologie par la culture

Éditions Apogée

LES AUTEURS

Patrick Scheyder est pianiste, auteur et conférencier. Diplômé de l'École normale de musique de Paris, il joue le répertoire de Chopin, Bach et Schumann, puis se fait remarquer dans le domaine de l'improvisation, notamment dans sa collaboration avec le pianiste Antoine Hervé, directeur de l'Orchestre national de jazz. En 2005, il crée le concept original des spectacles en plein air « Musiques aux jardins » qui associe dans des parcs et jardins musique, littérature et arts des jardins. Il réunit alors autour de lui des grands noms de la scène (Michael Lonsdale, Marie-Christine Barrault, Jean-Claude Drouot) et des écologues comme Pierre Rabhi ou le paysagiste Gilles Clément. En 2021, il crée le spectacle *Sand* *et la forêt de Fontainebleau* avec, dans le rôle de Sand, Allain Bougrain-Dubourg et la jeune activiste climatique Camille Étienne. En 2022, il développe le concept de l'« Écologie culturelle » et cofonde avec Nicolas Escach et Pierre Gilbert le mouvement du même nom. En 2024, il crée le spectacle *Éloge de la forêt* avec l'arboriste engagé Thomas Brail. Patrick Scheyder a enregistré treize albums (dont *Les Polonaises de Chopin* chez Ligia Digital et des morceaux de Franz Liszt chez Alpha) et a publié une dizaine d'ouvrages (*Écoutons la nature*, avec Hubert Reeves, 2017 ; *Pour une pensée écologique positive*, 2020 ; *Anthologie de textes de George Sand sur la nature*, 2022 ; *Manifeste de l'écologie culturelle*, 2022, 2023). Il intervient régulièrement auprès de grandes entreprises (Accor, Publicis) et écrit des tribunes dans la presse nationale (*Le Monde*, *Libération*, *Marianne*, *Usbek et Rica*).

Nicolas Escach est géographe et maître de conférences. Formé à l'ENS de Lyon, docteur et agrégé, il a enseigné les stratégies territoriales durables dans plusieurs universités en France et à l'étranger et a parallèlement travaillé comme conseiller pour les collectivités territoriales. Ses recherches portent sur l'innovation territoriale et sur les nouvelles gouvernances en particulier en mobilisant des référentiels issus de l'Europe du Nord. Il dirige actuellement le campus des transitions de Sciences Po Rennes à

Caen où une pédagogie immersive prépare les nouvelles générations à agir à l'heure de l'Anthropocène. Nicolas Escach est également l'auteur de plusieurs ouvrages (*Les Danois*, 2017 ; *La France à l'heure nordique*, 2021 ; *Manifeste pour une écologie culturelle*, 2022 ; *Pour une écologie culturelle*, 2023) et intervient régulièrement dans la presse écrite (*Le Monde*, *Le Monde diplomatique*) ou à la radio (France Culture, Radio classique). Il est le cofondateur du mouvement de l'Écologie culturelle. Depuis 2020, il est maire adjoint de Caen en charge de la ville durable ainsi que conseiller communautaire. Il est à l'origine de la feuille de route « Caen, quartiers en transition » adoptée en 2022 et qui vise à intégrer les pratiques écologiques ordinaires dans les politiques publiques en utilisant la cartographie.

Titulaire d'un DEA en économie de l'environnement de l'université Paris 1, **Valérie Martin** a rejoint l'Agence de la transition écologique (ADEME) en juin 1993. Elle a occupé différentes fonctions avant d'être nommée cheffe du service Mobilisation citoyenne et médias depuis le 1er janvier 2008. À ce titre, elle pilote notamment la stratégie grand public et jeunes de l'agence. Elle coordonne également les actions liées à la communication et au marketing plus responsables. Elle est coautrice de différents ouvrages collectifs : *Nouveaux Mythes, Nouveaux Imaginaires pour un monde durable* (éditions Les

Petits Matins, 2015), *Un autre monde est possible : Lost in Transitions ?* (éditions de l'Aube, 2018). Elle est par ailleurs pilote et coautrice du *Guide de la communication responsable* (ADEME Éditions, janvier 2020, 2nde édition octobre 2022) aux côtés de Mathieu Jahnich.

INTRODUCTION

L'écologie serait-elle un sujet technique réservé aux seuls scientifiques, aux férus de nature, ou aux activistes ? Non, l'écologie ne peut se contenter d'être une spécialité ou un domaine privé. Au contraire, l'écologie se doit d'être un bien commun et partagé. Le sens de l'Écologie culturelle est de multiplier les accès à l'écologie, de la banaliser au sens noble du terme. Faut-il être économiste pour aller faire ses courses ? Certes pas. Pourtant tout le monde sait compter et y trouver son intérêt. C'est tout l'enjeu de l'écologie pour se faire comprendre : la rendre accessible, intéressante et séduisante.

Une écologie populaire ne se limite donc pas aux bonnes pratiques ni aux connaisseurs. Susciter ce désir d'écologie, au point de la rendre naturelle et évidente, n'est pas du domaine de la raison seule. La sensibilité, la psychologie y ont une part fondatrice, car on adopte seulement ce que l'on aime. Les transitions sont trop souvent empreintes d'un discours rationnel et cérébral : technosolutionnisme, administration de la transition, bureaucratie verte, planification écologique. Les graphiques et les plans d'action donnent une direction pour les politiques publiques mais manquent cruellement de sens. À l'inverse, nous laissons trop souvent l'extrême droite et le climatoscepticisme mener la bataille de l'émotion et de l'intime. L'accélération de nos sociétés, le néolibéralisme, la compétition généralisée, l'accroissement des inégalités produisent de la violence tout en accumulant un mal-être qui risque à tout moment de ressurgir. Où ménageons-nous aujourd'hui des espaces pour le représenter et le sublimer ? Qui incarne notre besoin d'un exil sans table rase ?

Il faut nous libérer : libérer la faculté d'imaginer, de rêver. Parce que rêver, c'est désirer, et que désirer, c'est déjà vouloir. Désirer, c'est se projeter dans l'avenir. Or la projection dans le temps est une dimension souvent absente du discours écologique, si ce n'est sous forme de dystopies. Comment édifier le futur en le promettant terrible ? Comment édifier le futur, sans construire un projet de société ? Construire, c'est déjà commencer à récupérer du pouvoir d'agir sur soi-même et sur notre société.

L'Écologie culturelle avance qu'entre la naïveté et l'écoanxiété il y a un espace : cet espace est culturel. Par culturel nous n'entendons pas seulement l'art, mais aussi les usages, les pratiques de notre quotidien qui nous sont chères et rassurantes. Et bien entendu les lois qui confortent ces valeurs culturelles. Nous ne vivons pas la mort de l'avenir : l'époque qui s'ouvre sera effervescente, vivante, fertile et même, osons le terme, joyeuse, si nous optons pour la voie culturelle !

Considérer l'écologie comme coupée des problématiques du quotidien est absurde : l'Écologie culturelle s'intéresse à ce dont nous héritons, à notre quête de bonheur et de spiritualité, à ce que nous voulons transmettre. Elle dresse un pont entre les histoires biographiques et la grande histoire, celle des ouvriers de la révolution industrielle et des agriculteurs des années 1950-1960. Leurs descendants veulent tracer aujourd'hui leur avenir et celui de la Nation, comme leurs parents l'ont fait avant eux, en restant fiers de ceux qui les ont précédés. L'écologie est aussi une affaire de passage de témoins : les compétences d'hier peuvent devenir celles de demain. Si elle veut se hisser au niveau de la société tout entière, l'écologie doit avancer à hauteur de femmes et d'hommes et témoigner de leurs trajectoires : faire preuve de compassion et d'empathie, accueillir les crispations identitaires et l'expression de nos sentiments, lever les tabous. Elle doit être concrète, reposer sur des pratiques ordinaires, s'inscrire dans le quotidien et le langage de chacun. La société de demain peut trouver une ligne d'équilibre entre gestion désincarnée et hypersensibilité autocentrée. Le travail à opérer est bien de l'ordre du décentrement et du dépassement des seuls intérêts individuels.

La promesse républicaine Liberté-Égalité-Fraternité doit nécessairement trouver sa déclinaison écologique. Il faut la chercher – car elle n'est pas toute faite – et elle ne réside pas dans des solutions miracles, entre recours à la technologie et retour en arrière. Pour cela il faut sortir d'une écologie trop descendante, de ceux qui savent vers ceux qui ne savent pas. Il faut lui créer son pendant : une écologie qui va de la base, de l'intime, de l'intérieur et de la personne, vers la pleine lumière de la société et du partage. N'est-ce pas la promesse de la démocratie ? Que chaque voix compte, et non un brouhaha ambiant ou de vagues pensées dominantes. L'Écologie culturelle ouvre alors un débat très prometteur : le débat entre l'écologie du « Il faut que ! » et celle du « Pourquoi pas ? ». Car il va falloir débattre ensemble de nos rêves pour commencer à les réaliser.

Confronter nos voix écologiques est nécessaire à toutes les échelles et en particulier à l'échelle locale. Nos sociétés sont restées adolescentes : désorientées, peu sûres d'elles, en retard constant par rapport à la conduite du temps. Nous sommes tour à tour pyromanes et pompiers, mais nous n'arrivons jamais à prendre vraiment de l'épaisseur. L'Écologie culturelle nous invite à des expériences plus matures, plus ancrées et plus diversifiées de la citoyenneté. Elle forge au sein des territoires des citoyens-habitants en plaçant l'éveil, la relation concrète au vivant et la puissance d'agir au cœur même des institutions et des espaces publics. La réalité écologique s'enracine profondément dans nos corps au plus près du sol : nos sens qui perçoivent, nos pieds qui parcourent et nous situent dans l'espace, nos mains qui confectionnent et fabriquent.

Les écologies sont aussi nombreuses que les territoires. La proximité est une alliée du changement : elle rend visibles les contradictions et les possibles, génère des formes multiples d'attachement, crée un cadre favorable au décentrement. Elle est indispensable à la naissance d'une politique élargie aux entités naturelles et non limitée aux seuls humains. L'élévation moyenne des températures ou la succession des catastrophes à l'autre bout de la planète restent des paramètres abstraits. Ce qui nous mobilise est ce qui est à portée de vue, à condition que nous ayons appris à le connaître. Nous nous impliquons d'autre part plus facilement pour ce qui constitue une menace directe ou un danger : l'injustice ou le sentiment d'injustice rassemble davantage de combattants que la lutte pour l'idéal de justice... Or la perte des libertés est bien du côté de l'inaction climatique et l'échelle locale le démontre plus que tout autre. Les territoires nous offrent enfin leurs archives : ils ont connu des mutations parfois violentes et ont été des théâtres d'expérimentation. Découvrir les personnalités territoriales sur le temps long permet d'activer les outils les plus adaptés à un contexte géographique dans la perspective de la bascule écologique.

Nous ne pourrons pas vivre librement sans arbres, sans forêts, sans océans. Notre sort et le leur sont intrinsèquement liés. Le combat de Thomas Brail est en cela visionnaire : défendre les arbres, c'est défendre ardemment notre liberté et nos valeurs républicaines, reconnaître leur place pour l'égalité et la dignité humaine.

Écologiser n'est pas un travail de projection ou de développement mais de revitalisation, d'intensification, d'enrichissement, d'irrigation. L'écologie modifie structurellement la manière dont nous allons nous engager et agir. Ménager, accueillir, enseigner et prendre soin deviennent alors les fondements d'une nouvelle politique des territoires, où les libertés proviennent d'une pratique étendue de l'altérité qu'elle s'inscrive dans la reconnaissance du fleuve comme porteur de droit ou dans l'hospitalité nécessaire envers ses pairs humains. L'enjeu est d'autant plus important que le changement climatique va entraîner d'importants déplacements des populations à des échelles nationale et internationale. Nous serons alors face à un dilemme : doit-on poursuivre une fausse liberté par un chauvinisme des ressources et du bien-être et déménager ainsi ailleurs les murs et les prisons ou défendre le droit de tous à la liberté ?

Les années 1950-1960 ont placé la liberté au cœur des aspirations générationnelles, bien que celle-ci se soit trop vite dirigée vers la consommation de masse. Elles peuvent être inspirantes dans une nouvelle perspective de redirection écologique : nous avons à apprendre de l'éducation populaire et citoyenne des MJC ou des maisons de la culture fondées par André Malraux. Encore aujourd'hui, nous avons besoin de maisons : des lieux situés dans leur environnement, bienveillants, sans fioriture, jargon ou éléments de langage, « où les gens se rencontrent pour rencontrer ce qu'il y a de meilleur en eux ».

Le réseau des maisons de l'Écologie culturelle développé depuis 2022 associe des centres d'animation de quartiers, des centres socioculturels, des musées, des salles des fêtes, des jardins communautaires, des jardins partagés, des écolieux. Il s'étend là où les transmissions s'opèrent et où la vie circule, dans les centralités les plus quotidiennes. Il célèbre le décloisonnement. Entre cœurs métropolitains, villes moyennes, périphéries urbaines, zones rurales et régions isolées. Entre humains et non-humains. Entre traditions culturelles et entre horizons géographiques. Entre générations.

Les mots et les prêts à l'emploi de l'écologie ont masqué ce qu'elle était profondément : une reconquête de la présence. Libérons l'écologie de ses raccourcis et de ses carcans. Donnons-lui les moyens d'être plus généreuse, plus conviviale, plus spontanée. L'incertitude n'est pas à dompter mais à embrasser : à nous d'apercevoir à nouveau les voies de l'aventure.

Patrick Scheyder et Nicolas Escach

1

ÉCOLOGIE ET LIBERTÉS

Par Patrick Scheyder,
pianiste et créateur de spectacles,
cofondateur de l'Écologie culturelle

Larguons les amarres !

L'écologie est une valeur universelle, qui souffre de se vivre comme une valeur particulière. L'écologie n'est pas une *spécialité*, tout comme la liberté n'est pas faite seulement pour les connaisseurs, ou les diplômés. Pour être comprise et partagée, l'écologie doit alors quitter sa zone d'influence native.

L'Écologie culturelle, c'est s'évader d'une écologie limitée à ses propres arguments et à son propre auditoire, scientifique ou averti. Et la culture, c'est la voie royale d'ouverture et de diffusion de l'écologie ; le moyen de réunir. C'est un outil indispensable pour sortir de l'entre-soi. Un entre-soi – qu'il soit référencé diplômé ou populaire – est un frein à l'expansion des idées et à la réalisation de soi. Oui, l'humain a besoin de se sentir accompagné par une communauté, une famille, des amis, mais pas d'être accaparé. Il aspire à la liberté et au bien-être.

La culture, qu'est-ce donc ? Ce sont de multiples actions du quotidien, auxquelles nous ne pensons pas forcément. On range la culture elle aussi au rayon des spécialités : musée, études supérieures, terrain favori des connaisseurs, conservatoire, écoles, etc. Or, la culture c'est autant celle du quotidien, nos habitudes, notre art de vivre, que la culture spécifique qu'on appelle l'art. Ôter les cloisons de l'écologie – autrement dit la banaliser au sens noble du terme –, cela veut dire la rendre désirable, attractive, séduisante. C'est cela aussi le rôle de la culture : vulgariser, répandre, diffuser, faire sentir et comprendre ce qui est précieux pour notre société.

Une écologie pour tout le monde. Une écologie reliée à tout le vivant et à toutes ses manifestations, voilà notre ambition. Pour atteindre cet objectif, l'écologie doit se hisser au niveau d'un sujet de société, et un sujet de société est toujours un sujet culturel. Certains diront un sujet d'opinion. Mais un sujet d'opinion est éminemment culturel car rares sont les spécialistes financiers, les écologues ou les experts de la Constitution. Pourtant, au moment du vote, tout citoyen est appelé à s'engager sur des sujets qu'il méconnaît en partie. Il s'exprime sur une impression, un ressenti, une compréhension à son niveau doublée d'une analyse intuitive. Mais aussi des aspirations plus profondes qui doivent croiser ces « impressions ». La liberté tout comme l'égalité sont parmi ces aspirations fondatrices en France. La culture c'est donc aussi s'approprier par les sens, par l'intuition, par son histoire personnelle, par l'histoire de son pays, par des envies et des nécessités, ce qui est proposé par des spécialistes.

Tout sujet qui veut se hisser au niveau d'un sujet de société recèle au fond deux questions, qui sont son objet même : où allons-nous ? Que voulons-nous ? Deux questions qui attendent en retour deux actions : une réponse pragmatique et aussi une promesse. Si l'écologie ne promet par son action que l'adoucissement du réchauffement climatique, c'est un sujet particulier, essentiel, mais pas un sujet de société. C'est comme la perspective de guérir à terme le cancer ; un thème certes éminent, mais éradiquer une maladie n'est pas soigner la société. En aucun cas la cause climatique ne constitue une promesse. La promesse se définit par l'aspiration à un avenir idéal (et non pas utopique) qui donne l'impulsion à la fois à la compréhension du sujet et à l'engagement du citoyen. C'est cet élan qui nous libère, qui nous fait vibrer toutes et tous, celui qui s'y connaît et celui qui ne s'y connaît pas. C'est cela être populaire au sens profond du terme. C'est pouvoir comprendre ou aimer, adhérer sans forcément s'y connaître, mais en s'y reconnaissant. Faut-il être spécialiste du libéralisme pour le vivre au quotidien ? Faut-il être musicien pour aimer la musique ? Non. La liste est longue de ce que nous vivons, aimons ou rejetons sans nécessairement en être experts.

La cohésion entre l'exigence écologique, la science, notre ressenti et notre vie quotidienne est un enjeu culturel. L'humain justifie sa vie pas seulement par le seul fait d'être, mais par celui de s'imaginer, personnellement et dans la communauté humaine, tel qu'il aspire à être. Notre faculté légendaire à nous adapter tient autant au pouvoir de nous imaginer autrement que d'adapter nos comportements et notre technologie. L'écologie n'y fait pas exception : c'est son enjeu culturel.

L'écologie, depuis toujours un chemin entre sciences et arts

La science n'est pas le seul accès à l'écologie. L'histoire y a toute sa place. On peut être étonné du manque fréquent de culture historique chez les passionnés d'écologie. Une connaissance qui s'arrête très souvent aux soixante dernières années. Cela laisse penser qu'avant tout allait bien dans la « nature », que depuis cinq décennies ça s'est gâté. Et que le futur risque d'être pire, fatalement. Mais pour se retrousser les manches à bon escient, il faut aller aux racines du sujet.

Une histoire partielle a pour autre conséquence de considérer l'écologie comme une nouveauté, qu'on attrape comme on peut. Elle installe un sentiment d'écoanxiété récurrent, pas seulement de la situation présente, mais de notre prise sur elle : les outils d'action semblent naissants, encore peu adaptés. En d'autres termes le climat va vite, et on court derrière. La dimension historique et culturelle tisse d'autres liens entre écologie, culture et sciences. Une approche où la dimension sensible et psychologique a une part essentielle à la compréhension du vivant, et de nous-mêmes.

La base de l'écologie du XIXe au XXIe siècle est bien scientifique : elle explore les mécanismes du vivant et leurs interactions. Mais dès ses débuts au XIXe siècle, l'écologie intègre immédiatement l'art. On pourrait dire que l'art est consubstantiel à la perception écologique. L'art « sent », explore avec parfois un temps d'avance sur les autres perceptions.

Commençons par celui qui crée le mot « écologie » : le scientifique allemand Ernst HAECKEL invente le terme en 1866. Haeckel est un disciple de Darwin, mais c'est aussi un artiste. Il devient célèbre grâce à ses recherches en biologie marine et aux extraordinaires dessins des micro-organismes qu'il étudie. Haeckel est un scientifique de haut niveau, il nommera plus de trois mille cinq cents espèces. D'un côté il analyse les très petits organismes au microscope, et de l'autre il dessine et colorie les découvertes que son œil lui révèle. Il est ébahi, car c'est magnifique. Il en fait un livre, un vrai best-seller paru en plusieurs cahiers de 1899 à 1904 sous le titre *Formes artistiques de la nature*. Une œuvre qui va inspirer fortement les plus grands créateurs de l'Art nouveau. Haeckel devient alors le conseiller scientifique d'artistes qui s'inspirent librement des formes naturelles. Ils repensent le monde qui nous entoure : vases, vaisselle, lampes, entrées du métro parisien, meubles, immeubles. Une sorte de biomimétisme artistique. Ils portent l'ambition que le design de l'Art nouveau soit mis à la portée de tous, dans les objets du quotidien, comme dans les créations de luxe. Une célébration de la nature, qui rentre *de facto* dans les compositions « artificielles » des humains. Ils rejoignent le vœu de Michel de Montaigne qui au XVIe siècle critiquait l'art de son temps, pour s'écarter trop de la nature. Montaigne s'exclame : il faut « naturaliser » l'art, et non pas « artialiser » la nature. Une gageure que l'Art nouveau s'efforce de relever.

Aux sources de l'écologie on rencontre cette double perception. Une perception analytique et scientifique, et une perception sensible et admirative de l'écologie. Ces perceptions croisées offrent un grand avantage : elles laissent à l'humain sa liberté de création, d'expression et d'interprétation. Ne pas se maintenir au niveau de l'information seule, mais interagir avec elle.

C'est capital, car aucune vision écologique durable ne peut s'installer si l'humain n'y trouve pas sa place, et donc son compte. Autrement dit des bénéfices psychologiques, émotionnels et matériels, une résonance qui le touche intimement. Savoir et comprendre est une chose. Être touché en est une autre, indispensable à la conduite et à la pérennité de la connaissance.

En France et à la même époque, c'est une artiste – la célèbre George SAND – qui écrit en 1872 la première tribune écologique française (dix pages) dans le journal *Le Temps*, ancêtre du *Monde*. Ici, il s'agit de préserver la forêt de Fontainebleau de l'abattage. En réalité, la lutte pour la défense de la forêt de Fontainebleau commence dès les années 1830. Une sorte de ZAD d'artistes se constitue dans le petit hameau de Barbizon, en orée de la forêt. Cette lutte est menée exclusivement par des artistes peintres. À cette époque, savants et politiques sont relativement absents du débat. Ceux qu'on va appeler les peintres de Barbizon – avec à leur tête l'incroyable Théodore Rousseau – sont les premiers peintres de plein air ; ils précèdent les Impressionnistes. Pour Rousseau et ses amis, l'arbre n'est pas un matériau. C'est un être vivant, doué de sensibilité. Les voilà qui peignent des « portraits d'arbres », au lieu des portraits de notables ou de scènes héroïques. Rousseau va encore plus loin : il a la conviction que les arbres se parlent entre eux, par un langage qu'il pressent. Il jure alors de peindre pour restituer ce langage par la couleur. Connaissant le succès actuel des livres sur la vie ou le langage secret des arbres, on se dit que Rousseau était perspicace. Les peintres ferraillent contre le roi Louis-Philippe qui abat les chênes centenaires de Fontainebleau pour les remplacer par des pins, de meilleur rapport. Ou encore des patates. Ils rentrent en résistance ; ils arrachent en douce, la nuit, les fameux pieds de pins… Par un habile travail de lobbying, ils génèrent dans la presse des articles favorables au respect des chênes pluricentenaires. De cette lutte, initiée sous Louis-Philippe, poursuivie sous la Deuxième République, puis sous le Second Empire, naîtra la première mesure de protection d'un espace naturel au monde. Napoléon III sanctuarise en 1861 par décret impérial plus de mille hectares de forêt, sous la pression des artistes. Une première mondiale. Elle sera suivie onze ans plus tard par la création du parc de Yellowstone aux États-Unis, en 1872. Cette même année 1872 où Sand écrit la tribune dans *Le Temps*. Car la guerre de 1870 a mis la France à genoux ; la Troisième République dit qu'il faut raser et vendre le bois pour renflouer les caisses de l'État. Un thème très actuel.

J'ai fait redécouvrir en 2020 ce texte fondateur de Sand, qui était oublié depuis cent cinquante ans ; il est reproduit en annexe de cet ouvrage. Cette tribune offre une vision précieuse, car Sand, pas plus que Haeckel, ne reste dans sa zone de confort. Elle s'élève de façon inédite au-dessus de sa seule condition d'artiste. Au tout début elle se réclame – comme les peintres l'ont fait avant elle – de la beauté qu'il faut préserver. Les arbres remarquables qui doivent être protégés à l'égal des monuments historiques, telle Notre-Dame par exemple. Pour dire bientôt, dans une montée progressive des arguments, que la forêt est un bien foncièrement commun. Que la beauté et ses émotions doivent être accessibles à toutes les classes sociales. Qu'abattre la forêt est un crime contre la transmission de ce bien aux générations futures. C'est abattre en même temps nos conditions d'existence, assécher l'atmosphère, et menacer à terme la vie sur Terre, dit-elle. Elle pose enfin cette question : ira-t-on jusqu'à modifier artificiellement le climat, pour le bon plaisir de quelques-uns ? Férue de savoir, abonnée à nombre de revues de vulgarisation scientifique, Sand avance voici un siècle et demi les arguments de l'avenir de la planète, et de nos enfants. Et de la raréfaction des ressources naturelles. On ne fait pas autrement en 2025.

Sand n'est pas seule à cette époque à ouvrir grand les yeux. Je pense notamment à Jules Michelet, le célèbre historien de la France, qui trouve lui aussi à Fontainebleau un refuge pour son inspiration. Ralentissant un temps son activité d'historien des humains, il écrit dans les années 1860 quatre livres naturalistes pour défendre la nature : *L'Oiseau*, *L'Insecte*, *La Montagne* et *La Mer*. Dans *La Mer*, il critique notamment la surpêche pratiquée par les Anglais qui raclent, dit-il, les fonds marins et empêchent la reproduction des espèces, et craint leur disparition. Il en appelle à la nécessité d'élaborer un « Code de la mer », pour assurer la régénération des poissons. On peut multiplier les exemples de ce type, avec Victor Hugo ou Edgar Quinet. En Amérique avec Thoreau. À cette époque de la révolution industrielle, les esprits informés jouent déjà le rôle de lanceurs d'alerte. Ils ont une perception lucide de la situation. Quoique férus de modernité et de progrès, ils n'ignorent rien du danger de la surexploitation des ressources. Artistes, scientifiques et historiens s'associent pour défendre le vivant et cumulent souvent plusieurs rôles. C'est un avantage. Cela situe immédiatement la question dans le cadre d'un sujet de société, avec la conscience que le rôle de l'artiste n'est pas seulement de faire rêver. Que le rôle du scientifique n'est pas que d'analyser. Mais de nous faire avancer socialement. Ils rêvent d'être utiles. Ils ont remporté plusieurs manches, et cela ne peut qu'alimenter notre détermination.

Un pas de côté

Quand j'évoque ces épisodes en conférence, ils sont suivis d'un temps d'interrogation. Voire de confusion : pourquoi ne pas nous apprendre cela à l'école ? C'est que notre instruction aime à retenir des icônes parfois réductrices. Il est plus simple de résumer George Sand à ses aspects dits scandaleux et littéraires. Elle fume le cigare en 1830, porte le pantalon qui était interdit aux femmes et multiplie les amants. Oui, c'est vrai, Sand a fait énormément pour les droits de la femme, justement parce qu'elle aimait la nature et que ces actions lui paraissaient précisément naturelles. Elle voyait dans la compréhension des lois de la nature le ferment de la préservation de nos libertés. Et cette perception a généré la première tribune écologique en France.

Une voix s'élève dans la salle : mais faut-il réellement raconter ces histoires ? Ne risque-t-on pas de démotiver les bonnes volontés ? On peut se dire que hélas, depuis le temps de Haeckel ou de Sand, rien n'a changé. Et valider ceux qui niant l'urgence climatique avancent que, malgré tout, la Terre se porte bien. Ou qu'elle s'en remettra ? C'est la théorie du verre à moitié vide, ou du verre à moitié plein. Je réponds que ça a changé. La protection des espaces naturels a vu le jour, en France, puis aux États-Unis et dans le monde. L'alerte n'a donc pas été vaine, loin de là.

Mais il y a plus. D'où la nécessité de positionner les droits de la nature à leur juste place, comme des sujets de société, et non des sujets de particularité. C'est qu'aucun droit n'est acquis à jamais. La liberté de s'exprimer est-elle un acquis éternel ? Oui, la liberté est très précieuse, comme la nature. Mais les choses précieuses sont toujours les plus menacées.

La question n'est pas celle du verre vide, qu'on sera à jamais tranquille de remplir une bonne fois pour toutes, avec de bonnes décisions. Non. C'est de poser l'écologie aux côtés et à parité de nos valeurs fondatrices - Liberté-Égalité-Fraternité. De ne plus en faire un sujet particulier, mais un sujet d'intérêt général. Dans cette optique, une approche globale et non spécifique s'impose. Reprenons le flambeau, car il y a un flambeau culturel en écologie, et nullement un vide sidéral. Cela permet d'envisager l'engagement écologique sous plusieurs facettes. Le terrain de l'engagement culturel peut s'avérer aussi efficace qu'une manifestation dans l'espace public.

S'élever au-dessus de soi

S'élever au-dessus de soi, de son rôle social habituel pour appréhender l'écologie de multiples façons. C'est aller au-delà de la culture native héritée de nos parents, de notre pays, qui est souvent même inconsciente, pour découvrir et acquérir d'autres usages. C'est aussi aller au-delà des pratiques convenues de nos métiers, pour les penser différemment. Vivre et se penser autrement, c'est redécouvrir les fondamentaux du vivant. C'est s'inventer. Une bonne nouvelle, à la fois excitante et jouissive, mais aussi délicate que de passer d'un présent incertain à la liberté de l'avenir.

S'élever au-delà de nos conditions quelles qu'elles soient, de nos certitudes, est une phase essentielle pour évoluer. On aimerait que l'évolution s'inscrive de manière automatique dans le chemin des humains, insensiblement. Parfois c'est le cas. Mais la plupart du temps c'est de façon volontaire, avec la capacité de se reprendre en main. Réexister par soi-même, et non par la vertu supposée d'un système économique, ou de lois bien réglées qui penseraient à notre place. Qui fait les lois, qui fait le système ? Nous, et les textes restent lettre morte s'ils ne sont pas incarnés.

Connaître, repenser une filiation dans ce qu'on nomme écologie, est nécessaire pour se situer. Comment trouver un sens à notre vie, à nos engagements, sans s'inscrire dans une histoire ? Fût-ce même par une rupture. Ici, l'Écologie culturelle se positionne pour une écologie située. Pas seulement sur les territoires avec leurs usages spécifiques – c'est l'objet des maisons de l'Écologie culturelle que nous développons –, mais située avant toute chose dans notre intimité d'êtres humains. Car notre premier territoire dit de nature, celui qui va évoluer, c'est nous-mêmes. Celui qui ne nous quittera jamais. Il se transformera certes, mais ne nous quittera pas. Nous sommes notre propre parcelle de nature, en pleine propriété et devenir. Nul besoin de l'acheter, mais besoin de l'entretenir et de la conduire. Pour cette raison, l'intellectualisme ou le solutionnisme en écologie doivent être envisagés avec circonspection. Ils semblent nous protéger, nous guider, parfois nous sauver, mais souvent de façon aussi péremptoire que fragile. Et nous, que voulons-nous réellement ? L'interrogation vaut autant pour soi que pour la planète. Il faut la poser d'abord à soi-même, pour juger ensuite des solutions.

La conscience que le premier élément naturel que nous pratiquions et entretenions c'est notre corps – et pas seulement les végétaux et les autres animaux – est capitale. Voulez-vous faire quelque chose pour l'écologie ? Considérez-vous comme un jardin, aurait dit Voltaire, et vous en apprendrez beaucoup ; cultivez-vous au physique comme au mental. La culture, l'histoire et l'art nous permettent, entre autres outils, de prendre conscience, de travailler ce fondement territorial unique et personnel. J'irai jusqu'à dire qu'il y a un égoïsme utile de l'amour de soi – du terreau de soi –, un égoïsme nécessaire pour diffuser cette attention portée de soi vers l'extérieur, puis vers les autres, et vers le vivant complet. Ici, il ne s'agit en aucun cas d'être un.e petit.e saint.e, mais d'évoluer.

Le va-et-vient constant de l'intérêt général à l'intérêt particulier (et *vice versa*), c'est l'angle que nous adoptons dans l'Écologie culturelle. L'enjeu de l'écologie, des modifications de société qui s'opèrent sous la pression de la crise climatique, c'est la capacité pour chacune et chacun de s'extraire des phases usagées de son rôle, pour réfléchir à celui-ci. Et à son interaction avec l'ensemble de la société. Une écologie vécue, adaptée à notre vie personnelle, pour se redéfinir rapidement dans un cadre élargi. Aller au-delà de nos habitudes n'est pas forcément les abandonner, mais littéralement les regarder de plus haut pour se voir agir. Puis trier ce qui nous plaît de ce qui nous déplaît. Et sans désigner, sans éduquer cette conscience de soi, il est difficile de s'élever au-dessus de soi. Et donc d'évoluer.

Pour une écologie ascendante

Dans cette optique, l'intime cité plus haut occupe une place centrale. Ce sentiment intime qu'on a l'habitude de reléguer à la sensation, au subjectif et à l'expérience privée est en réalité ce qui nous actionne. Parfois il est exact, ou approximatif. D'autres fois il est visionnaire. Mais dans une certaine mesure, nous le ressentons toujours juste, c'est essentiel. Et ne serait-ce même juste que pour nous.

Le sentiment de justesse – que je crois attaché aux sentiments de justice et de liberté – est capital à toucher pour l'écologie. Car le privé et l'intime nous actionnent dans nos décisions, autant que le savoir et la raison. Les politiques essayent de traduire ou de circonscrire leurs remous inattendus, dans le meilleur des cas.

Par ailleurs, les notions fondamentales d'une société ne sont pas que de froids principes. Avant cela ce sont des sentiments, des sensations, des perceptions. Les sentiments de liberté ou de justice par exemple : ils naissent d'abord du secret de notre perception individuelle – d'une exigence personnelle ressentie physiquement même – pour se communiquer et devenir peu à peu une exigence collective, partagée. Ce qui devient légitime donc, ce sont un besoin et un désir intimes, puis partagés. Ils font émerger l'évolution par à-coups ou progressivement.

L'écologie ne doit pas faire autrement pour convaincre. Faire naître et susciter le désir, en se basant tant sur la perception que sur l'analyse. Elle ne peut donc se satisfaire d'être descendante – du sachant aux néophytes – comme trop souvent. Elle se doit aussi d'être ascendante. D'aller impérativement du terrain, du particulier au partagé, et du fond à la forme. On avance parfois qu'en changeant la forme, le fond suivra. Mais cela ne suffit pas ; le fond est formé par les citoyens, leurs aspirations et leurs perceptions. En réalité, la politique comme l'économie sont elles aussi soumises à l'intime. Ce ne sont pas des sciences. Elles ne sont pas exactes, et naviguent souvent à vue. Ce sont plutôt des stratégies de mise en œuvre, plus ou moins faillibles. Mais en démocratie, le fond c'est nous, basé sur le citoyen éclairé dans ses décisions.

Un sujet de société

Cela amène à préciser la notion de sujet de société. C'est un sujet souvent d'origine personnelle, qui devient progressivement général et universel. Un passage de l'ombre à la lumière, en quelque sorte. La démocratie parie donc sur ce libre arbitre de la conviction privée, du ressenti, qui se manifeste ensuite par l'engagement et le vote, et se consolide dans le cadre des lois.

C'est pourquoi l'écologie ne peut se réduire à une série de bonnes pratiques. Les mots d'ordre, les règlements et les recettes sont notoirement insuffisants, ou inefficaces. Ce n'est pas ainsi que l'on se fait comprendre ni aimer. Liberté-Égalité-Fraternité sont l'exemple frappant d'aspirations légitimes, qui ont su passer et se hisser au rang suivant et supérieur, de sujets de société. Passer de cette inspiration à sa réalisation en écologie, c'est tout l'objet de l'Écologie culturelle. Pour atteindre à ce niveau d'exigence partagée, la prise de conscience des citoyens n'est pas seule en cause. Les sachants, les scientifiques et les politiques doivent considérer que leurs publics ont une psychologie. Une culture qui leur est propre, en écologie comme ailleurs.

Dans cette progression vers la lumière, la science et la culture jouent un rôle majeur. Inséparables. La science pour le domaine du général et de l'analyse objective ; la culture pour ce qui est de l'intime partagé, subjectif et agissant. Toutes deux déterminantes pour que la société s'engage – sans regret – dans une évolution ouverte et durable.

Le piège de l'autoréférence

À ce jour, le domaine scientifique et le domaine artistique nous paraissent souvent éloignés. Voire étrangers. On se dit que nous ne sommes plus au XIXe siècle que j'évoquais, certes ! Mais l'humain n'a pas changé, ni dans ses affects ni dans ses perceptions qui mènent le monde. Ce que l'on croyait naïvement dépassé, comme la guerre en Europe par exemple, revient cycliquement. Et les mêmes questions se reposent toujours dans tout domaine. C'est notre réponse qui doit évoluer.

Science et écologie ont des besoins réciproques, car l'écologie ne peut ni s'autonourrir ni s'autosuffire de sciences, dans le cercle restreint de « ceux qui savent et qui ont raison ». Appelons-les affectueusement les gentils, *a contrario* de ceux qui ne les écoutent pas, désignés souvent comme les méchants ou les inconscients. Mais à réfléchir de cette façon, on n'aboutit pas à grand-chose. Et de même, la culture et l'art ne peuvent s'autosuffire et se complaire dans un travers de nombrilisme ou d'exaltation de l'ego. Que le cercle d'initiés soit international n'y change rien. L'art pour l'art ? C'est une fiction éphémère, fille d'un narcissisme stérile, car l'art n'est pas une fin en soi. C'est un média ; un outil nécessaire à l'humain. S'il n'était pas utile, il aurait disparu depuis longtemps.

Nous ne parlons pas ici d'un « art utile », comme le génèrent les dictatures autoritaires ou libérales, qui le tordent comme seul outil de communication. Je dis que l'art est utile – et là aussi au sens noble du terme – tout comme la banalité ou l'aspect quotidien d'une culture sont nécessaires. L'art a un usage, sans quoi il meurt. Cette banalité même est le signe de l'adoption des principes qu'on veut répandre. C'est un élément que le néolibéralisme a fort bien compris, avec pragmatisme. Il se décline au travers d'un style de vie, et tout un appareil de communication. Avec le concours actif d'artistes et de publicistes, qui font tout bonnement leur métier.

Pourquoi ? La culture et l'art font partie des rares outils pérennes qui permettent de passer de l'émotion ou de l'intelligence intimes à un sentiment collectif et partagé. Ils sont par essence communicatifs, c'est leur fonction. L'art puise sa matière dans la vie quotidienne, dans son analyse et dans la compréhension intuitive de nous-mêmes et des phénomènes qui nous entourent. Tout sujet de société partagé connaît d'ailleurs sa référence artistique qui la manifeste et l'identifie : un hymne, une chanson, un tableau, un certain look vestimentaire, etc. À leur écoute, à leur vision, tout un cortège d'aspirations se déroule immédiatement. Un vrai panorama, et vite compris.

Car la culture et l'art ont une autre faculté précieuse : résumer très rapidement, en quelques secondes ou minutes, ce qui s'explique autrement en de longs discours. Quand l'art devient fastidieux (ça lui arrive), c'est qu'il confond sa volonté de toucher avec celle d'expliquer, ou de prouver. En l'espèce, l'écologie a besoin de nous toucher, autant que d'être comprise. En résumé, le risque du repli sur soi et de l'autoréférence – en sciences exactes comme en art – c'est d'être quelque part incomplet et incompris. Et donc de rater leur cible. L'autoréférence pose à terme la question d'une véritable stérilité. Ce serait affaiblir le but, la finalité du partage et la portée de leur message.

L'Écologie culturelle, une écologie en 3D

Pour nous situer – une nécessité pour que l'humain décide clairement –, l'Écologie culturelle développe une écologie en 3D ; les trois dimensions temporelles que sont le présent, le passé et le futur. Elle associe le présent au passé, pour construire un futur désirable. Cette vision permet de prendre de la hauteur sur le présent, sans qu'il asphyxie ou « aplatisse » notre perception. Elle permet d'envisager l'après en le modelant. De le créer avec des fondations. Elle permet aussi de réévaluer la notion de sens pour nos engagements personnels, comme sociétaux.

L'Écologie culturelle est une écologie tout en relief et en mouvement, avec des nuances, des sommets, des plateaux, des couleurs et des contrastes. Elle ne prétend pas résoudre les problèmes du monde par des mots d'ordre, mais nous restituer notre capacité la plus complète possible de réflexion et d'action. En liberté et en conscience.

Résumons : la science fonde son autorité sur une approche rationnelle, mais insuffisante pour engager les citoyens. Il ne suffit pas de dire vrai et juste pour vaincre et convaincre. Sinon l'écologie serait déjà au plus haut, et ce n'est pas le cas. Mais cela ne lui est pas spécifique non plus, sinon toute belle vérité aurait depuis toujours droit de cité ! Or dans le réel – nous le savons bien –, c'est le contraire qui se passe. Rappelons encore que l'essentiel (l'égalité femmes-hommes, le droit des minorités, etc.) est toujours ce qui est entravé en premier lieu par les habitudes, les traditions. Ou l'autorité en place. Que l'écologie scientifique y soit soumise n'a rien d'exceptionnel. L'urgence d'une situation n'efface pas d'un trait les réflexes acquis, les pouvoirs établis. Mais aussi notre indolence.

Ici intervient la notion de temps. Nous vivons tous dans une subtile dose de passé, le passé de notre enfance, de notre éducation, de notre culture, celui de notre pays, des habitudes acquises. Ce sont nos racines. Notre culture native indispensable. Tout l'enjeu d'une idée nouvelle, pour être acceptée et comprise, c'est de parler autant au présent qui nous préoccupe, au passé que nous portons, qu'au futur auquel nous aspirons. L'idée nouvelle doit s'accorder mentalement et intimement avec ces trois temps. Elle doit leur apporter quelque chose. Soit elle les épouse, soit elle les contredit, mais en tous cas elle doit rentrer en contact, résonner avec ce triptyque. Une écologie scientifique ne doit pas sembler tomber du ciel. Elle doit s'inscrire et trouver sa place dans un *process* temporel, psychologique et culturel. Pour exister, elle doit être reconnue. Et elle ne peut que s'adapter pour être adoptée.

Soulignons qu'aucun de ces trois temps n'est vraiment rationnel. Le présent est fugace, il passe d'une seconde à l'autre ; vibrant, agissant, subjectif et quelque part insaisissable. Le passé vit dans notre souvenir mental, qui est souvent réinterprété ; il vit encore dans notre physique qui se transforme. Et le futur est à construire, sorte de plate-forme de l'inconnu, pour le meilleur et pour le pire. La nouveauté ne peut « se fâcher » avec ces temps en les ignorant. Elle doit s'accorder avec eux pour émerger et s'imposer. La place mentale de l'écologie est donc à construire dans le futur, à se souvenir dans le passé et à vivre dans le présent. Une écologie par définition intertemporelle, puisqu'elle décrit le vivant, depuis ses origines jusqu'à son futur, et bien au-delà des limites de la vie humaine. Le temps géologique et biologique du vivant et le temps intime et psychologique humain ont donc une partie très liée.

Une certaine paresse intellectuelle – bien partagée, et consciente ou non – nous lie à nos habitudes. Elles forment une part de ce que je nomme notre culture native. C'est une culture, elle aussi, prise dans le simple sens de la conservation de notre éducation, ou du discours ambiant. De la gestion. Or notre société actuelle est bien plus gestionnaire que créative. Si la gestion c'est l'acquis, la créativité c'est ce qu'il faut acquérir ou découvrir. Donc c'est le risque. Parents et société nous ont mis sur les rails de la consommation compulsive, qu'il n'est pas aisé de quitter. Quel risque court-on ? Aucun, à part celui de ne pas leur ressembler.

Passer de l'adolescence à l'âge adulte

La redéfinition des acquis est ce qui nous crée, en tant qu'adultes. Adultes en âge mental comme affectif, en maturité comme en position de prendre des décisions. Ici, nous existerons bien plus par nos différences et nos progrès que par nos ressemblances. Il s'agit de passer en écologie de l'adolescence (ou de la postadolescence) à l'âge adulte. Et nous sommes tous passés par ce stade de désirs adolescents, de révoltes et d'indéterminations. À la recherche d'une boussole.

Passer à l'âge adulte de nous-mêmes, comme à l'âge adulte de la société, c'est l'enjeu. C'est vrai à un niveau personnel comme à un niveau structurel : le système néolibéral vante les bienfaits illusoires du ruissellement. Mais cette magie économique peine à se réaliser. Tandis qu'un système écologique résoudrait tous les malheurs du monde, mais il reste à y travailler. Ces deux promesses ont beaucoup de zones d'ombre et d'immaturité. Comme tout sujet de société, elles ont leur part de naïveté, d'illusions et de réalisme. Tout sujet sérieux porte sa part de rêve et de paradoxes, mais ce n'est pas grave. Nous n'évoluerions pas sans cela, et croirions dans une perfection éternelle autant qu'ennuyeuse.

Le cocktail des divers aspects qui nous composent, que je nomme le mille-feuille culturel – héritages personnels et nationaux contradictoires, paradoxaux, combattus, défiés, heureux ou parfois peu glorieux –, nous en sommes les enfants. Autant les accepter que de vouloir être le chevalier blanc. Combien d'activistes écologiques souffrent de vouloir être parfaits, et de ne pas y parvenir ? Ou de ne pas arriver à convaincre les autres, ce qui revient au même. Combien font un ou deux burn-out par an ? Et comment convaincre autrui, quand on s'en rend seulement malade ? On veut bien être malade, mais à la condition qu'il y ait ensuite de la bonne santé. Et puis surtout, est-ce la seule image que l'écologie puisse proposer ? Alors la route risque d'être non seulement longue, mais impraticable. Si l'écologie est fondée à alerter sur le pire, elle doit aussi promettre le meilleur pour engager. Montrer, décrire, faire fantasmer pour se réaliser. La question est de construire une écologie psychologique - qui est une écologie de culture - pour soutenir une écologie de terrain. La culture se décline sur le long terme, comme un élément géologique, et par strates.

Le terrain sans la culture serait juste un boulot, en attente de la retraite. Or, on ne peut être un retraité de l'écologie, pas plus que de la liberté.

Le travail sur les « nouveaux imaginaires » de l'écologie est une facette de ce chantier de formation et de construction. Les nouveaux imaginaires se déclinent aussi en art : les cathédrales, la tour Eiffel, l'Empire State Building et autres exemples. Chacun de ces emblèmes porte très haut sa part de rêve qui inspire. Il faut donc une ambition à l'écologie, clairement affichée en termes d'objectifs matériels, politiques comme culturels et artistiques, pour catalyser.

Si le libéralisme a ses icônes et ses totems culturels, l'écologie doit se les créer sans hésiter.

Réaliser les mirages

Le néolibéralisme fait miroiter le paradis matériel. Cette fameuse éternité d'un monde parfait, avec un système économique prétendu idéal. Ses emblèmes, ses marques, ses hymnes, ses tabous, ses sagas, sa mythologie. Ses repères. Éternel, il ne l'est évidemment pas. Mais sans nul doute il survivra partiellement, par habitude, et aussi parce que nous y avons pris goût. Ce goût est le fruit d'un marketing efficace auquel il est difficile d'échapper. Et qui nous a touchés. Mais s'il nous touche, c'est qu'il sait nous toucher.

C'est un néolibéralisme culturel, avec cette réussite qu'il n'est pas nécessaire de faire la moindre étude, la moindre thèse pour le vivre. Nous le vivons, donc nous l'adoptons. Connaît-on un système (économique, politique, religieux) qui s'empare d'une société, sans lui promettre un coin de paradis ? Et son éternité bien à lui ? Sans faire cela, il ne serait d'ailleurs pas cru. Il faut évidemment promettre du meilleur pour advenir. Du temps de Louis-Philippe, de George Sand, de Balzac, le mot d'ordre du ministre Guizot était : « Enrichissez-vous ! » C'est malin. C'est plus entraînant qu'appauvrissez-vous. Et cela marque les débuts du libéralisme en France.

Non, ce n'est pas parce qu'il serait libéral et donc par essence démoniaque. Manipulateur, oui, il l'est bien évidemment. Et ne sous-estimons pas la dose d'automanipulation que nous générons. Il n'y a pas que ceux qui nous convainquent. Il y a nous, qui sommes consentants de nous en remettre à des faiseurs de bonheur.

En tenant le discours des bénéfices - matériels, personnels ou spirituels -, on a des chances d'engager et d'aboutir. Quel que soit le sujet. Le néolibéralisme a le pragmatisme de savoir qu'il s'adresse à un public, tout comme dans un show. Il prend en compte la psychologie de son public, ses ressorts intimes. Les artistes savent qu'il faut agir ainsi pour convaincre, les spectateurs le savent aussi. Le libéralisme a anticipé, analysé, théâtralisé et mis en œuvre la dimension culturelle de sa victoire. Car une idée ou une vérité, ça se vend. Et toute vérité advient par sa dimension économique, politique et culturelle. Sans quoi elle n'advient pas. La science a cru pouvoir s'abstenir de prendre en compte le ressenti, l'intime. Qu'étant exacte elle s'imposerait d'elle-même. À ce jour, elle n'a pas su vendre sa vérité.

Et l'information ne fait pas tout. Savoir ne suffit pas pour évoluer. Connaître une information et la répéter à satiété ne suffisent pas à se l'approprier. Sans rentrer dans le monde fascinant des biais cognitifs, tenons-nous à ce simple fait : c'est qu'il faut encore sentir, résonner avec cette information pour la recevoir et la comprendre. Un aspect qu'intellectualisme et raison négligent trop souvent, alors qu'en réalité l'intellect est tout autant guidé par les sens, les émotions, les perceptions. Mais il ne veut pas le voir, et encore moins le dire.

Certes, la vérité scientifique se heurte à une économie qui se veut toute-puissante, et des politiques qui s'y soumettent. Et qu'elle ait cru à la magie éclatante de sa voix, pourquoi pas. Mais sans s'en donner les outils et les moyens psychologiques de conviction et de réalisation. En cela elle a perdu du temps. Or il n'est pas trop tard, nous n'en sommes qu'au début. Le but de l'Écologie culturelle est ainsi d'éclairer ce qui va suivre, et à sa mesure.

Si nul ne se révèle parfaitement sage dans cette saga, c'est tant mieux. C'est ce qui nous met précisément en responsabilité et en possibilité d'évoluer. De sortir de la chrysalide de la culture native. Accepter cet héritage et ses couches multiples est essentiel pour notre avenir. Le présent a besoin d'explorer son passé pour désigner son futur. Sans quoi les initiatives ne sont que des nuages passagers, des volontés sans suite, des inspirations sans conséquence.

La culture et l'art, vecteurs de progrès

La culture et l'art sont vecteurs de progrès. Et à ce titre ils sont porteurs d'une technique. L'art accomplit de manière très concrète le passage constant de la perception intime à la perception partagée, pour enrichir le réel. C'est un travail, soulignons-le. L'art est précisément ascendant, au contraire de ce qu'on croit souvent. Il fait tout le chemin en partant d'une solitude fragile – celle de l'artiste – à un vaste public. Que ce soient Léonard de Vinci, Aya Nakamura ou un tagueur en banlieue, ils sont toujours bien seuls dans leur atelier, pour enrichir ensuite le monde entier. Le rappeur part de son quartier pour intéresser le monde, et pas seulement ses potes. Car on ne fait pas l'art pour vingt personnes mais pour n'importe qui. Et nous aimons ce n'importe qui, il est le plus nombreux, et c'est lui qu'il faut toucher en écologie.

Ce chemin du secret au révélé, de l'atelier du peintre, de l'écrivaine, du rappeur, du DJ à un public, est en soi une méthode artistique. C'est aussi un chemin vers le progrès. La culture et l'art le font depuis la nuit des temps, pour expliquer notre monde et notre existence. Ils tracent une voie qui peu à peu justifie au sens idéal, mais au quotidien aussi, notre vie et nos actions.

Les porte-voix de l'intime

Culture et art ont la capacité rare de nous renforcer. Ils savent poser par leurs réalisations des points de repère pérennes. Ils savent aussi rassembler les humains, dans leur temps, mais aussi au-delà. Ce sont des sortes d'horloges de la civilisation. Des repères finalement stables – plus que bien des régimes et des croyances – qui parlent à notre intimité. Disons que ce sont des tables d'orientation, des GPS de notre esprit. Ils permettent non seulement de symboliser nos aspirations, nos rêves, mais aussi d'identifier et de qualifier là où en est une société, et nous-mêmes. Parfois même de guider une société. Pour résumer, culture et art sont des porte-voix de l'intime. Sans culture et sans art, pas de civilisation. Peu d'avenir ni de pérennité, car une projection de l'esprit nulle ne laisse aucune trace. Pas de beauté, et donc pas de plaisir. Sans culture et sans art, les projets et les progrès sont menacés. Quand une société est récessive aux niveaux politique, économique et écologique, comme celle dans laquelle nous vivons, l'art tire au contraire vers le progrès. C'est pourquoi une société autoritaire se méfie de la culture et de l'art. Ils portent la voix de l'intimité et de l'invention, contre la voie de la dictature globale. La culture et l'art sont donc des voies de liberté, indispensables pour s'approprier les sujets de société. Le temps n'est plus de les justifier, mais de passer à leur action.

Donner un sens

Car donner un sens est capital et urgent, aux niveaux psychologique, personnel, social et politique.

En traçant des repères pour prouver ou manifester notre existence, culture et art permettent de ne pas céder au chaos de l'inexistence. Si la jeunesse affirme qu'elle a du mal à trouver un sens à ses aspirations, c'est qu'elle a peu conscience d'un avant et d'un après compromis, et que le présent semble lui filer entre les doigts. Elle ne sait pas se situer. Elle se sent partout mais aussi nulle part. Beaucoup d'entre eux se tournent alors vers la culture et l'art, pour se repérer déjà vis-à-vis d'eux-mêmes, et atteindre au minimum à une satisfaction individuelle.

C'est que notre société néolibérale a dépassé les limites supportables de son utopie éternelle, pour devenir un trou noir. Elle a absorbé le sens, pour s'en repaître. Elle absorbe, mais elle ne produit rien. Elle aussi est en perte de promesse. Elle semble gérer, mais le contrôle lui échappe en réalité. C'est une sorte de naine blanche, pour filer la métaphore cosmique. Ce n'est pas parce qu'elle est néolibérale et serait de ce fait vouée à l'enfer des bonnes intentions. Non, c'est parce qu'elle s'est vidée à échéance, comme toute croyance. Et que toute croyance a sa part d'auto-illusion éternelle. Mais à compter d'un certain moment, on a du mal à aimer ou à se contenter du vide, qui est l'expression ultime de l'égoïsme, et d'une anticréation. Nous sommes à ce moment, qui est un moment autant économique, politique, écologique que psychologique, individuel et sociétal.

L'art, la transformation et la séduction

Il y a une approche, un savoir-faire dans la transformation de notre compréhension du monde qui sont directement hérités de l'art. Ils sont transposables à d'autres sujets du quotidien. La qualité, l'émotion, la technologie employée, l'engagement, les moyens de diffusion, la création, la communication. La projection dans le futur, le courage et la prise de risque, tout dans la culture et l'art est bien réel et concret. Efficace. L'art et la culture semblent des magiciens, mais en vérité ils sont aussi exacts, précis et performants que la science pour dessiner le futur.

Ils permettent non seulement de nous repérer, mais aussi de nous évader pour transformer à terme le concret. À ce titre – de façon dynamique et insistante –, l'art vient souvent percuter ou dévier notre culture native ou héritée, pour nous faire voir le réel autrement. L'art est en cela un séducteur créatif, qui, au contraire de bien des séducteurs, donne plus qu'il ne prend. Pour cela, il est un vecteur de progrès et de mûrissement social. Ce bien commun est aussi une nécessité inexplicable : car bien sûr tout n'est pas rationnel en art, et c'est son apport majeur. C'est ce qui fait qu'il se perpétue, qu'il se transforme pour vivre. Dans l'Écologie culturelle nous ne disons pas que tout est explicable. Nous sommes pragmatiques.

Il y a des choses qui marchent, et d'autres non. L'Écologie culturelle en tire des conséquences, certaines sont analysables, quand d'autres s'imposent.

Une culture et un art d'influence

Communiquer ses émotions, partager sur-le-champ avec le plus grand nombre de visions. L'art a tout d'un influenceur avant l'heure qui agit sur nos émotions, notre humeur et par rebond sur notre quotidien. Parfois il joue le rôle d'un lanceur d'alerte, nous faisant réaliser ce que notre négligence ou notre culture native nous empêchaient de voir.

Il a donc un pouvoir réel. Que ce pouvoir soit plus ou moins quantifiable n'est pas un problème. Comment affirmer qu'un discours politique ou scientifique ont un impact bien défini ? Ils y prétendent seulement. Et d'ailleurs, quand aurons-nous un discours scientifique, politique ou écologique qui, comme la cérémonie d'ouverture des JO de 2024 à Paris pour le sport, suscite un engouement profond, durable, pour l'écologie et le vivant ? C'est évidemment possible. La société attend un signal positif d'engagement. Beaucoup de désirs et d'aspirations sommeillent, qu'il faut catalyser. Il est temps de s'en donner les moyens intellectuels, culturels, artistiques et financiers.

Si la science a le pouvoir de guérir nos corps, nos esprits, de modifier parfois nos comportements inappropriés, l'art a celui de nous engager et de nous changer par l'émotion directe. Pour autant, ne nous emballons pas. L'art ou la beauté n'ont pas pour vocation unique de sauver le monde, comme l'affirme une phrase célèbre. Sinon – avec les innombrables beautés qui existent déjà – le monde serait déjà sauvé.

L'utopie sonne juste quand elle résonne en nous, et qu'elle soulève aussi bien le corps que l'esprit. Elle est alors susceptible de déclencher des changements sur le long terme. En revanche, les vues exclusives de l'esprit ou du savoir n'engagent que la tête, qui est une conseillère insuffisante. Et dans le réel, la destruction du vivant affaiblit autant nos corps que nos esprits. La connaissance subjective de l'écologie et de notre corps est aussi précieuse que le savoir et l'analyse.

Le rôle des influenceurs

Nous comptons la culture et l'art au rang des influenceurs potentiels, dotés d'un pouvoir sur notre comportement. Sur les réseaux sociaux se développent nombre d'influenceurs écolos. Cela nous mène à considérer leurs outils de travail, leur impact et l'esprit qui y préside.

L'influenceur relève nettement du domaine du spectacle. Par la mise en scène de ses propos, son attitude physique et l'attention qu'il réclame. L'influenceur a un public ; c'est un performeur de lui-même sur les réseaux sociaux. Par le message qu'il porte, l'influenceur veut être un référent privilégié, et reconnu comme tel. C'est souvent une figure assez solitaire, dont la solitude même créerait un sentiment de groupe, ce qui est paradoxal quand il s'agit de fédérer. Mais ce n'est pas non plus un leader. C'est plutôt un créateur de tendance, quand cela marche. Un leader se doit de dépasser le cadre de sa communauté pour porter un langage et s'adresser au plus grand nombre. L'influenceur écolo se trouve donc à la fois au carrefour, mais aussi à la limite de trois mondes : le journaliste, l'expert scientifique ou politique. Et aussi celui d'un acteur qui s'expose. Son rôle est de se vendre lui aussi, avec une parole et un message. Il doit faire le show avec un but : qu'on le suive. Se trouver à cette limite le fait jongler d'un état à l'autre. À devoir se réinventer ou se répéter avec plus ou moins de réussite. Ou bien à se donner des visages multiples, pour sembler ne pas se répéter. Il peut encore se faire piéger par la notion d'image, qui le fige peu à peu dans un rôle récurrent. La mise en situation d'une parole est un rôle d'équilibriste qui n'est pas confortable, assez éloigné du quotidien de ses *followers*.

Ce n'est pas non plus un référent politique, même s'il porte un langage issu de sa culture politique. Par certains côtés, l'influenceur est un prêcheur du

XXIe siècle. Enfin ce n'est pas non plus un intellectuel au sens exact du terme, car il ne défend pas des idées ni des visions qui lui sont propres, mais un discours et des conseils qu'il rapporte. Et qu'il fait siens. L'influenceur a donc des convictions qu'il partage en public. Dans cette alternative aux étiquettes auxquelles il veut échapper (politicien, etc.), son apparence, sa génération, son look ont un poids parallèle à ce qu'il ou elle dit.

Quelque part, l'influenceur voudrait avoir un poids politique, mais sans faire de politique. Une niche qui souhaite défier les étiquettes et qui en crée d'autres, avec des codes parfois originaux. Ou parfois empruntés au système de ceux qu'il critique. Cette identité – plutôt autocentrée et qui peut même aller jusqu'à une célébration de l'ego – a les avantages et les faiblesses de son positionnement. Parfois c'est hype et efficace. Mais cela pose nettement la question de l'avenir de cette position. Car, pour durer, il faut développer une pensée en propre, originale. Le show de l'influenceur doit-il plaire à son public ? Ou doit-il parler à une majorité, au-delà de son style ? C'est peut-être ici que se situe la limite entre l'art et l'influence. L'influence tire souvent vers la communauté, la culture et l'art vers un partage beaucoup plus large.

Et cela mène à une réflexion plus globale sur le journalisme. Le journaliste délivre de l'information, des tendances, mais il ne peut suppléer au rôle du politique. Et l'information – qu'elle soit diffusée de façon classique ou non – ne peut remplacer ni une pensée ni une stratégie.

Écologie et sainteté

L'écologie ne peut se contenter de guides, de figures qui nous montrent la voie de ce qu'il faudrait faire. Ils ont leur rôle à jouer, exemplaire pour susciter l'éveil. Ils sont particulièrement légitimes quand, partant de leur métier, ils alertent sur la destruction du vivant.

Mais leur rareté tendrait à prouver qu'ils sont des cas isolés. Sont-ils des référents qui agiraient à notre place, par un pouvoir autoproclamé ? Non, ils n'ont pas ce pouvoir. En réalité leur pouvoir est fragile, et réside surtout dans l'affirmation d'un contre-pouvoir. Ce qui nous intéresse au-delà du contre et de l'immédiat est l'avenir et la force de la proposition. Où est la promesse au-delà du contre ? Où est l'objectif au-delà de l'objet immédiat ?

Si le vrai pouvoir, c'est la société dans son ensemble qui va s'engager et inventer, un monde nouveau ne peut se constituer sur un libre arbitre assez lâche, qui s'en remette à meilleur que soi pour agir. Ce serait déjà un signe d'abandon. Potentiellement, nous sommes tous « les meilleurs ». Et le changement écologique a autant besoin d'acteurs que de supporters.

L'Écologie culturelle : passer de l'inspiration à la résolution

Nous pensons qu'il faut développer une écologie du plombier, du cuisinier, de l'arboriste grimpeur, du policier, du garagiste, du contrôleur SNCF. Tout autant qu'une écologie des laboratoires, de Sciences Po, des influenceurs ou des artistes. L'écologie a besoin de gens « comme tout le monde » qui œuvrent durablement dans la passion de leur métier. De leur foyer. Une écologie qui sache dire simplement « Je suis comme vous » plutôt que « Moi je sais, et je vais vous dire ». La position de surplomb fait tant de mal que de bien : le sachant est légitime à parler, certes. Mais son savoir ne doit pas l'extraire de la communauté sociale, au risque de condamner en partie son message. Le sachant est comme tout le monde. Informé mais aussi fragile, et même parfois démuni. L'écologie a autant besoin de gens qui tirent leur légitimité du quotidien que d'actions exceptionnelles. Elle est vouée à la puissance active de la vie courante, et à sa banalité bienfaisante. Elle a aussi besoin d'une société qui l'invente et la raconte.

Notre société se définit volontiers comme une société du spectacle. C'est juste, dans le sens où la société confond souvent deux attitudes : être inspiré et agir. La culture de l'image suscite bien des inspirations, des envies. Oui, l'inspiration soulève l'enthousiasme sur le moment. Il nous semblerait même presque agir par l'élan suscité. L'empathie est à son comble... Nous vivons le syndrome du sportif de salon, installé sur son canapé... devant un match. Et ensuite ? Souvent l'inspiration a peu de lendemains. Que dirait-on d'un artiste qui se dirait inspiré par un lever de soleil, mais qui n'en ferait jamais rien ? Pas de musique, pas de dessin, mais juste la délectation du ressenti, des émotions. Il se condamnerait à l'impuissance, voire à l'inutilité. Et beaucoup d'entre nous qui se sentent écolos le sont essentiellement dans un état latent de rêves et de sensations. Assister à une conférence TEDx ne vous rend pas acteur.

L'un des sujets majeurs de l'Écologie culturelle est alors de passer de l'inspiration à la résolution, de l'élan à la création. C'est pourquoi nous intervenons aussi bien dans des lycées agricoles qu'à l'école des Ponts, ou à Sciences Po. Nous nous déplaçons sur des zones à défendre (ZAD). Nous créons des spectacles inédits et populaires comme l'*Éloge de la forêt* ; nous jouons aussi bien dans la rue qu'en salle. Nous animons un maillage de maisons de l'Écologie culturelle au plus près des territoires, pour multiplier les points d'accès à une écologie diverse, qui parle à chacun.e. L'Écologie culturelle ne vous dira pas si vous devez agir dans ou en dehors d'une association, d'un parti. Le choix est immense et vous le savez.

À vous de jouer, avec votre sentiment intime, votre intuition. Vos raisons.

Pour une science culturelle

L'Écologie culturelle relie l'écologie à l'ensemble de la gamme des perceptions, des affects et des activités humaines. Elle suit en cela la définition de l'écologie, dont l'objet est de relier les éléments du vivant entre eux. Le psychisme (individuel) et la sociologie (collective) en font partie.

Précisons ici que je ne parle pas de la culture scientifique - qui est un enjeu essentiel -, mais d'autre chose. Si l'écologie épouse naturellement le fait culturel, c'est que la culture a la fonction de relier. La culture tisse un récit. Elle fait le grand écart entre les éléments mosaïques d'une société pour les agencer au mieux. Et dessiner un sens à notre vie. À ce titre, on peut dire que la culture joue le rôle d'une écologie fonctionnelle de notre esprit. L'interdépendance des éléments convoqués dans un récit s'organise comme une sorte d'écosystème psychique. Et tout comme chez les végétaux et les animaux, chaque élément d'un récit est nécessaire à la cohérence, à la vie de l'ensemble.

Et la science se situe elle aussi dans cette mosaïque. Elle n'existe pas dans un monde à part, mais dans un cycle et un monde culturel. La science est de fait, et elle aussi, un « objet culturel ». Cela veut dire qu'elle est potentiellement apte à unir, comme le font la culture et l'art.

En réalité, la science sait déjà nous unir. Quand elle est un objet de « rêve » : soigner par exemple. Mais elle peut aussi effrayer et nous diviser quand elle prédit des malheurs écologiques. Ou nous laisser pantois. Si la science vit difficilement le paradoxe d'être un oiseau ambivalent, moitié blanc et moitié noir, c'est qu'elle ne s'était pas pensée comme culturelle. C'est-à-dire ayant une incidence sur notre psychisme. Habituée à prescrire pour le corps, à analyser la matière, elle est moins à l'aise avec les données de l'esprit. Pour intégrer le débat social, elle doit pourtant assumer pleinement cette dualité. La science s'efforce d'être objective, mais doit savoir toucher notre subjectivité pour être adoptée et aimée. En cela elle doit trouver dans la notion de culture une alliée de poids.

Cela souligne la nécessité de sortir de nos rôles respectifs, de nos postures quelles qu'elles soient. Ils sont d'un autre temps. Ils sont le reflet d'attributions et de fonctions d'un costume social qu'il faut abandonner. Cette faculté de devenir autres, de nouveauté, de changement et d'évolution va de pair avec les changements climatiques. Ils bouleversent nos identités sociales et intimes, comme ils bouleversent les continents et les sociétés. La Terre nous pousse.

2

DES IMAGINAIRES AUX ACTES !

Par Valérie Martin,
cheffe du service « Mobilisation citoyenne et médias » à l'ADEME

« La question climatique relève moins d'un enjeu technologique que d'un enjeu culturel. »

Denis Meadows[1]

1. www.socialter.fr/article/dennis-meadows-rapport-explosion-crises

Et si la transition écologique était avant tout une transition culturelle ?

Malgré le consensus scientifique international concernant les enjeux écologiques, comment expliquer le manque d'actions d'envergure pour répondre à ces défis ? Les baromètres de l'ADEME révèlent que la majorité des citoyens soutient la transition écologique et estime que l'inaction coûte plus cher que l'action climatique. Pour une nette majorité, les Français se déclarent inquiets concernant les effets du changement climatique sur leur vie actuelle et pensent qu'il est urgent d'agir[2], identifiant également les conséquences sur leurs modes de vie. Ils estiment cependant agir suffisamment à leur échelle et que les entreprises, notamment les plus grandes, tout comme l'État, doivent mettre en place des mesures plus concrètes et plus efficaces. Dans le même temps, la tendance haussière du climatoscepticisme est bien là et avoisine environ le tiers de la population française. Une tendance inquiétante, masquant certes des réalités différentes, qui souligne surtout la nécessité d'aborder autrement les questions de transitions écologiques et sociales.

Durant trop longtemps, les discours alertant sur les crises planétaires (crise climatique, crise des ressources, crise de l'effondrement de la biodiversité) ont principalement reposé sur des chiffres et des statistiques. En effet, si l'information est indispensable, elle n'est pas suffisante pour pouvoir faire passer à l'action tous les citoyens pour qui ces enjeux semblent parfois loin de leurs préoccupations du quotidien. Et si nous nous interrogions sur les raisons de ce blocage ? Peut-être que, jusqu'à présent, nous nous sommes concentrés sur le fait que la dégradation de la planète était uniquement un sujet environnemental, voire « d'écologistes » au sens politique du

---

2. https://librairie.ademe.fr/changement-climatique/7728-les-representations-sociales-du-changement-climatique-25eme-vague-du-barometre.html

terme. Or, traiter du changement climatique et de la biodiversité, c'est parler de notre quotidien, de santé publique (vagues de chaleur ou extension des maladies tropicales...), de pouvoir d'achat, de géopolitique (accélération des migrations en raison de l'augmentation des événements climatiques extrêmes), de questions militaires (risques de conflits pour l'accès à de nouveaux territoires, à des ressources naturelles comme l'eau par exemple) et bien sûr d'économie[3]. Force est de constater par ailleurs une profonde dissonance entre intention et action. Pourquoi ? Car nous baignons toujours dans un imaginaire productiviste, consumériste (« consommer pour être heureux »), illimitiste (« la croissance infinie ») et technosolutionniste (« les seules solutions techniques vont nous sauver »), dont nous constatons de plus en plus les coûts écologiques et sociaux. Or, ces imaginaires ne sont pas viables puisqu'ils compromettent l'habitabilité de notre Terre. Comme le souligne Ariel Kyrou, « empêtrés dans nos paradoxes et contradictions dans un monde de plus en plus menacé, nous fonctionnons encore avec des valeurs d'exploitation du vivant et des modes de consommation dépassés alors même que nous cherchons des voies et horizons nouveaux, plus fondamentalement terrestres, respectueux de l'environnement, démocratiques,

---

3. www.tlibaert.info/portfolio-item/des-vents-porteurs-comment-mobiliser-enfin-pour-la-planete/

solidaires[4] ». Au-delà, nous sommes face à une crise de nos relations au monde, aux autres (à tous les autres êtres vivants) et à soi. Michaël V. Dandrieux précise d'ailleurs que « notre milieu souffre à égale mesure des dégâts que causent sur lui nos modes de vie que du désintéressement qui nous empêche de le reconnaître ».

De plus, « nous vivons dans un monde au sein duquel la référence à la nature s'appauvrit, du fait de la disparition massive du vivant, de l'artificialisation brutale des espaces sauvages et des dérèglements climatiques. Or, selon le concept d'*amnésie environnementale*, développé par le psychologue de l'environnement Peter H. Kahn, plus la référence à la nature d'une population donnée s'appauvrit, plus cette population réduit son engagement pour la transition. En arrière-plan, l'amnésie environnementale générationnelle traduit une intuition simple : "lorsqu'on ressent moins la nature, on a moins envie de la protéger" ; et cette amnésie est "générationnelle", car elle s'accroît de générations en générations[5] ». Pour aller plus loin : « Nous détruisons la nature, mais nous ne prenons jamais pleinement conscience de l'ampleur des dégâts,

4. www.lemonde.fr/blog/fredericjoignot/2025/01/02/entyre-dystopie-et-utopie-nous-vivons-dans-un-monde-de-science-fiction-entretien-avec-ariel-kyrou-auteur-de-philofictions-des-imaginaires-alternatifs-pour-la-planete/

5. www.lafabriqueecologique.fr/la-sensibilite-a-la-nature-levier-de-transformation-ecologique-et-sociale/

parce que nous nous référons à une nature que nous avons connue lorsque nous étions enfants[6]. »

Il faut nous engager dans une transformation profonde. Alors que « nous savons comment réduire les émissions de gaz à effet de serre [...], notre culture et nos valeurs nous empêchent d'utiliser ce que nous savons. La question relève moins d'un enjeu technologique que d'un enjeu culturel[7] ». La difficulté actuelle à laquelle nous sommes confrontés est que nous ne parvenons pas à prototyper à quoi ressemblera une société postcarbone. Un monde où les êtres humains vivent au cœur du fameux donut théorisé par Kate Raworth, dans un espace sûr et juste, entre plancher social et plafond environnemental (les seuils et limites planétaires). Il est temps de proposer une autre vision du monde loin de celle nous faisant percevoir la croissance de la consommation comme la seule mesure de notre bonheur, et de questionner nos besoins et les satisfaire tout en limitant leurs impacts sur l'environnement et la société, c'est-à-dire en adoptant une logique de sobriété. Il s'agit de dépasser les réponses technologiques ou politiques de court terme pour engager une transformation profonde de nos systèmes économiques, sociaux et culturels. Cela concerne à la fois nos valeurs, nos organisations, nos références normatives

6. www.creseb.fr/ofb-amnesie-environnementale-et-reconnexion-a-la-nature/

7. www.socialter.fr/article/dennis-meadows-rapport-explosion-crises

de comportements et d'éducation, nos pratiques individuelles et collectives ; il s'agit d'interroger nos trajectoires de développement et nos rapports aux autres. La transition écologique devient alors un véritable projet de société et pose la nécessité de changements majeurs dans nos manières de consommer, de produire, de voyager, d'habiter et plus largement de vivre ensemble. Les modes de vie, en tant que points de rencontre entre les spécificités des individus, leur environnement et les règles collectives, constituent ainsi un point d'entrée crucial pour penser les conditions de la transition[8]. L'imaginaire doit nous aider à nous projeter dans l'avenir afin de répondre aux questions « comment voulons-nous vivre demain ? Quelle nouvelle narration collective voulons-nous coconstruire pour aller vers un modèle qui renouvelle nos façons de consommer, de produire, de nous déplacer, de nous alimenter, de travailler et de vivre ensemble ? ».

Nous sommes au cœur d'une véritable bataille culturelle. Face aux crises systémiques auxquelles nous sommes confrontés, nous devons réapprendre à faire société et les récits peuvent y contribuer fortement car ils nous permettent de nous projeter et de nous donner des clés de l'*empuissantement*[9], de la

---

8. www.iddri.org/sites/default/files/PDF/Publications/Catalogue%20 Iddri/D%C3%A9cryptage/202409-IB0824-MVT_1.pdf

9. Processus d'accroissement de la capacité d'action ou de l'influence d'un individu ou d'une entité. Ce terme est l'un des concepts clés d'Alain

mise en action, vers des futurs soutenables. En effet, ils jouent un rôle majeur sur le regard que nous portons sur le monde. Albin Wagener souligne leur rôle ô combien paradoxal mais majeur : « Les récits sont des outils puissants pour façonner les perceptions et les comportements. Ils peuvent soit renforcer le *statu quo*, soit inspirer des changements radicaux. »

Le projet collectif doit être de créer des récits qui célèbrent la joie de la connexion aux autres, de la créativité et de la coopération. Il s'agit de raconter autrement nos liens avec la nature, le collectif et la notion de bien-vivre, le *buen vivir*, telle que définie selon le concept indigène de *sumak kawsay*. Ces récits doivent également représenter des sociétés qui permettent de vivre « décemment », pour toutes et tous, quels que soient leurs modes de vie, leurs conditions socio-économiques, leurs compétences et leurs marges de manœuvre.

Nous devons démontrer qu'une vie agréable ne doit pas nécessairement reposer sur une accumulation infinie de biens, mais qu'il s'agit de cultiver des relations équilibrées entre humains, écosystèmes et territoires, en un mot renouveler la représentation de nos besoins et reconstruire un récit du progrès. Cela implique des changements profonds dans nos

---

Damasio. Il désigne la montée en puissance de la capacité d'agir par nous-mêmes. www.nouvelobs.com/bibliobs/20190818.OBS17289/big-mother-techno-cocon-auto-alienation-alain-damasio-en-21-mots-cles.html

modes de vie, nos valeurs, nos croyances, des évolutions normatives et sociétales à plusieurs échelles décisionnelles, individuelles et collectives. Cela signifie forcément de dépasser les imaginaires actuels, de convaincre l'ensemble des citoyens, des décideurs, des acteurs socio-économiques, au-delà des seuls convaincus ou militants, qu'une autre société est possible, mais aussi et surtout désirable. Pour cela, il est essentiel de redéfinir notre contrat social, en intégrant des valeurs de solidarité, de respect de l'environnement et de transition juste. C'est pourquoi la diffusion de nouveaux récits *encapacitants*, c'est-à-dire des récits inspirants qui mettent en capacité d'action le public, en lui donnant les clés et les moyens pour agir, doit émerger et infuser dans l'ensemble de la société. En cela, la transition « écologique » est d'abord et avant tout une transition « culturelle ».

Mais ces récits ne peuvent être monolithiques car pour inspirer le plus grand nombre, il faut développer une pluralité de formats et de visions de l'avenir projeté. Et la première étape pour ouvrir le champ des possibles est de remettre le citoyen au centre ! Bref, engager un changement de posture dans une logique basée sur l'écoute et l'imaginaire au pouvoir.

En quoi la culture est essentielle pour engager la société ?

Le constat est donc fait que la transition écologique ne se limite pas aux aspects technologiques, réglementaires ou économiques : c'est aussi un changement social et politique qui implique une transformation culturelle profonde. Et à ce titre, la culture est un levier d'action et un vecteur d'accélération de cette transition. Si on se réfère à la définition de l'Unesco de 1982, « la culture, dans son sens le plus large, est considérée comme l'ensemble des traits distinctifs, spirituels et matériels, intellectuels et affectifs, qui caractérisent une société ou un groupe social. Elle englobe, outre les arts et les lettres, les modes de vie, les droits fondamentaux de l'être humain, les systèmes de valeurs, les traditions et les croyances[10] ». Sur cette base, on comprend combien la culture joue un rôle crucial dans l'engagement de la société vers la transition écologique. Elle permet de partager des récits et des imaginaires collectifs qui inspirent et mobilisent les individus, y compris ceux éloignés des discussions techniques ou politiques. La culture agit comme un catalyseur en nous aidant à réécrire ces récits pour répondre aux crises actuelles. Elle peut « générer un effet de bascule »

10. Déclaration de Mexico sur les politiques culturelles. Conférence mondiale sur les politiques culturelles, Mexico City, 26 juillet-6 août 1982.

en redéfinissant les normes sociales et en rendant visibles des alternatives viables et attractives. Pour Albin Wagener : « La fonction narrative est consubstantielle à l'espèce humaine et lui permet d'organiser son rapport à la nature, à la mort, à la transmission de savoir, au genre, aux objets... Ce sont ces récits qui vont déterminer les actions ou les mises en mouvement des peuples qui les partagent. » En développant des narrations inventives et accessibles, nous pouvons transformer l'imaginaire collectif en une force motrice pour des transformations réelles et engageantes.

La transformation écologique nécessite une évolution des représentations collectives. Il y a donc urgence à changer les représentations de nos modes de vie. Il en va de la responsabilité des professionnels de la culture, des médias et de la communication dans la diffusion de nouveaux imaginaires. Scénaristes, artistes, auteurs, producteurs audiovisuels, médias, podcasteurs et autres influenceurs reproduisent majoritairement un modèle, celui de l'imaginaire dominant. Les acteurs culturels peuvent choisir une autre voie que celle du seul divertissement. Ils peuvent nous permettre d'approfondir nos rapports au monde et d'enrichir nos relations au vivant en proposant d'autres visions dans leurs créations. Ils détiennent en effet le pouvoir de nous toucher au cœur, de pouvoir raconter et de nous embarquer vers de nouveaux imaginaires. Et si nous mobilisions ces « imaginacteurs », selon la formule empruntée à Jules Colé ? C'est-à-dire « des personnes ou des organisations provenant de tous secteurs, ayant la capacité d'éclairer et d'influencer fortement nos imaginaires durant notre vie[11] », parmi lesquels il faut souligner le rôle clé des acteurs culturels ainsi que des acteurs territoriaux (collectivités, urbanistes, architectes...) et des acteurs de l'éducation.

Cependant, comme le décrit Raphaël Besson dans son dernier ouvrage *Pour une culture des transitions*[12], les approches culturelles de la transition écologique ont tendance à se limiter à la décarbonation de la filière culturelle ou à l'écriture de nouveaux récits de territoire. Or dans une conception élargie de la notion de culture, il semble essentiel de s'intéresser non seulement aux enjeux de décarbonation et de production d'« imaginaires alternatifs », mais aussi aux approches qui expérimentent de nouveaux modèles économiques et urbains, à l'instar des démarches portées par les acteurs de l'ESS ou de l'urbanisme tactique, culturel et transitoire. Il souligne également une autre perspective. Celle de bâtir des « politiques culturelles des transitions territoriales », en initiant un

---

11. https://librairie.ademe.fr/societe-et-politiques-publiques/7662-mobiliser-la-societe-a-travers-le-prisme-de-l-imaginaire.html

12. Raphaël Besson, *Pour une culture des transitions*, Éditions du LUCAS (Laboratoire d'usages Culture[s] Arts Société), 2024.

double mouvement. 1) En transformant les politiques culturelles territoriales (comme les projets culturels de territoire, les schémas de lecture publique et d'enseignement artistique, etc.), afin qu'elles agissent non seulement sur les enjeux de démocratisation culturelle, de droits culturels ou de soutien à la création et aux enseignements artistiques, mais aussi sur les défis transitionnels. 2) En « hackant » les politiques de transition territoriale (comme les plans climat-air-énergie territoriaux, les projets alimentaires territoriaux, les plans locaux d'urbanisme, etc.) par les arts et la culture. On ne peut envisager d'acceptation possible de nouvelles politiques de transitions économiques, énergétiques, alimentaires, urbaines ou sociales, sans une évolution du « substrat culturel de nos sociétés », « préparé et aligné avec des transformations qui s'avèrent radicales ». Et à cet égard, les artistes et les acteurs culturels peuvent produire des ressources décisives, dans l'émergence d'une « écologie locale et populaire » et l'enclenchement d'une dynamique de transition territoriale[13].

Cela implique sans doute aussi de changer les mots parce que le langage conditionne la pensée.

---

13. https://theconversation.com/quelle-place-pour-les-arts-et-la-culture-dans-les-transitions-territoriales-221644

Dans son ouvrage *Les Mots qu'il nous faut*[14], Jeanne Hénin nous propose des mots pour décrire nos émotions et en particulier celles qui disent notre lien à la Terre. On y retrouve des adjectifs comme « fertilierre » qui exprime notre capacité à grimper sur toutes sortes de surfaces grâce à la force donnée par les générations suivantes ou déployée pour elles, ou encore le verbe « lumilutter » qui définit le fait d'« agir avec intention et conviction, mu(e) par un espoir radical. Pour qui lumilutte, se résigner n'est pas une option ».

Les nouveaux imaginaires, comment passer de l'imagination à l'action ?

L'adaptation des sociétés aux mutations climatiques exige de redéfinir ce qui a de la valeur, de décloisonner les savoirs et d'interroger nos modes de représentation et d'expression. Ce processus sensible engage notre façon de voir le monde, d'agir sur lui ou avec lui, et la création d'un nouvel imaginaire collectif dans lequel nous pouvons collectivement nous projeter. L'heure est à la coconstruction d'une résilience solidaire. C'est lui notre nouvel imaginaire à construire. Nous

14. Édition La Mer salée, avril 2024.

manquons d'un imaginaire de la sobriété qui soit en adéquation à la fois avec les seuils et limites planétaires, et avec notre aspiration au bonheur. Encore faut-il « désincarcérer le futur » en explorant des imaginaires divergents par rapport à la norme[15] comme y appelle par exemple le collectif Zanzibar. Ce groupe d'auteurs de science-fiction, qui compte notamment Alain Damasio, considère d'ailleurs que « tout le monde est légitime à réfléchir aux imaginaires du futur » ! C'est aussi tout un modèle économique des organisations qui est à repenser entièrement : passer d'un modèle linéaire fondé sur la vente en volume et la possession de produits à un modèle circulaire fondé sur l'usage et le service. Mais c'est aussi un nouveau modèle de résilience des territoires qui est à accompagner. Pour paraphraser Olivier Hamant[16], nous devons développer un modèle fondé non seulement sur la circularité et la coopération mais aussi sur le pilier de la robustesse, en identifiant les liens au territoire, à l'eau, au vivant, dans toutes nos actions. C'est-à-dire développer des solutions plurielles pour maintenir leur existence dans la durée, et

---

15. https://usbeketrica.com/fr/article/nous-avons-besoin-imaginaires-collectifs-pas-nouveaux-heros

16. Chercheur et biologiste, directeur de l'institut Michel-Serres, directeur de recherche à l'Inrae, au sein de l'École normale supérieure de Lyon.

malgré les fluctuations actuelles et à venir[17]. Il est urgent de proposer de nouveaux imaginaires, ceux des sobriétés désirables et de la résilience solidaire. La bataille des imaginaires a déjà commencé. Collectivement, en réponse aux défis contemporains auxquels nous faisons face (la transition écologique, les mutations sociétales...), nous devons tracer une autre voie s'appuyant sur des représentations renouvelées qui réinventent notre rapport au monde. Les nouveaux imaginaires nous invitent à repenser un nouveau rapport à la nature et entre les humains, en explorant des visions alternatives aux récits dominants. Cela implique de reconnaître la pluralité des perspectives et des expériences pour construire des solutions inclusives et adaptées à différents contextes afin de permettre à chacun de trouver sa place. Il s'agit de réinventer nos récits collectifs pour mieux habiter la Terre, des récits réalistes qui non seulement décrivent les défis, mais aussi montrent des voies d'action concrètes et inspirantes favorisant l'émergence de modes de vie durables et inclusifs. Ces récits doivent permettre de réenchanter le monde vécu, de susciter de l'émerveillement et de donner envie d'agir pour relever ces défis. En véhiculant de nouvelles valeurs (comme l'entraide, le partage...) et

---

17. www.entrepreneursdavenir.com/actualites/olivier-hamant-la-fin-de-la-performance-vive-la-robustesse/

des normes sociales vertueuses (la permaculture, le faire-ensemble...), l'émergence de tels récits permettrait de modifier nos représentations et nos perceptions du monde, et donc de rendre désirables les changements de comportements individuels et collectifs. Cependant, « les récits ne font pas tout : ils ne sont pas l'alpha et l'oméga et nous ne pouvons pas tout attendre d'eux, d'autant plus s'ils sont uniquement envisagés du point de vue des seuls imaginaires ou de la communication (du storytelling). Les récits et nos représentations sont le fruit de nos conditions matérielles d'existence[18] ».

Jules Colé démontre que pour « faire récit commun », il faut à la fois mettre en récit les projets de territoires avec les différentes parties prenantes locales (élus, habitants, associations, entreprises, communautés de communes, etc.) et les acteurs culturels. Donc, avancer selon deux axes :

— Les imaginaires idéels, c'est-à-dire relatifs au monde des idées, qui existent dans un monde virtuel (films, séries, expos, romans...). Ils sont essentiels pour créer un cadre de référence commun et mobiliser les individus autour d'une vision partagée de l'avenir.

Par exemple : Novacène Lille dans la 4e édition de Lille 3000 nous projette dans une utopie future

18. https://fabriquedestransitions.net/media/lafabrique-mer-bat-web.pdf

où la technologie et la nature coexistent harmonieusement ; Le Bruit qui court nous interpelle sur ces sujets *via* des performances « artivistes » ; le festival Atmosphères à Courbevoie qui a lieu tous les ans combine environnement, science autour de films, débats et performances.

— Les imaginaires matérialisés, qui mettent en récit les projets de territoires, où l'on essaye de réinventer une nouvelle façon de faire de l'écologie. Il s'agit des représentations concrètes et tangibles de ces visions, incarnées dans des projets, des œuvres d'art, des initiatives locales, etc.

Par exemple : tiers-lieux, recycleries associatives, écolieux, maisons de l'Écologie culturelle (Amiens, Caen, Grenoble, Muttersholtz...) créées sur le modèle des maisons de la culture de Malraux, mais aussi grainothèques, forêts comestibles... autant de façons de faire advenir ces récits.

Pour réussir la transition écologique, il est crucial de faire récit commun en articulant ces deux types d'imaginaires, afin de rendre les visions idéelles accessibles et réalisables. Concrètement, cela signifie créer des ponts et des synergies entre les imaginaires matérialisés dans les territoires et les récits culturels qui se diffusent. Jules Colé le précise, « il n'y aura pas de transition systémique à l'échelle des territoires sans transition culturelle. Or pour faire évoluer notre culture, il ne s'agit pas seulement de diffuser de “nouveaux récits” aux habitants mais surtout d’avoir une approche de concernement en visibilisant des espaces d’émergence qui incarnent déjà les transitions, des rituels collectifs en présence, des symboles en dormance, pour que l’imaginaire fasse sens ». Passer de l’imagination à la réalisation nécessite de surmonter plusieurs freins, notamment les résistances culturelles et institutionnelles, le manque de ressources, et l’absence de politiques culturelles adaptées... Imaginer et raconter autrement implique de dépasser les discours dominants. Cela permet de donner corps à des transformations profondes, au premier rang desquelles le rôle des citoyens. Il s’agit ainsi de lui redonner son pouvoir d’agir, ce qui présuppose de laisser une place active au public pour qu’il devienne acteur du changement. Cela nécessite également un changement radical dans nos manières de fonctionner intégrant plus de transversalité et de coopération. Plus largement dans la façon de créer des alliances solides entre les différents acteurs. Des projets concrets qui incarnent ces nouveaux imaginaires existent déjà. Le POLAU (Pôle Arts & Urbanisme), en tant que laboratoire d’urbanisme culturel, accompagne des projets qui intègrent l’art comme outil d’exploration des transitions écologiques. Par exemple *via* le concept d’urbanisme temporaire dans le cadre duquel des artistes transforment des espaces urbains en transition en lieux de vie et de création éphémères. Les performances, expositions et installations immersives permettent de raconter autrement l'évolution des territoires et de rendre ces transformations palpables et attractives. Plus de trois cents initiatives sont ainsi référencées[19]. La récente *Cartographie des récits* développée par Sparknews et dont l'ADEME est partenaire constitue un autre exemple intéressant. Dans cette initiative, on peut trouver une sélection de récits inspirants pour les collectivités, mettant en avant des exemples d'actions artistiques portées dans différents types de territoires[20]. Le déploiement des maisons de l'Écologie culturelle dans plusieurs régions françaises illustre également cette dynamique, car elles contribuent non seulement à renforcer l'appropriation locale mais également à fédérer des communautés. Autre exemple, la démarche exploratoire et artistique « Imaginons nos futurs : la métropole lilloise en 2051... » dans laquelle l'agence de développement et d'urbanisme de Lille Métropole s'est engagée en collaboration avec Philippe Paoli, artiste visuel et architecte spéculatif du Bureau des Prospectives. Afin d'imaginer des futurs possibles et souhaitables pour la métropole lilloise à l'heure de l'urgence climatique et environnementale, la méthode employée consiste à s'appuyer sur le ressort des récits d'anticipation pour « dépasser le cadre de

---

19. https://arteplan.org/

20. https://carto.fabriquedesrecits.com/

nos représentations actuelles, voire à déconstruire nos schémas de pensées ». Cet exercice prospectif a pour ambition de s'engager dans une voie qui permette de « recourir aux imaginaires positifs, pour proposer des futurs suffisamment désirables et donner ainsi envie d'agir collectivement[21] ».

En intégrant les récits, les pratiques artistiques et les expérimentations concrètes, ces initiatives contribuent à incarner des futurs désirables et à montrer que la transition écologique est non seulement nécessaire, mais également source d'épanouissement collectif. Les imaginaires prennent vie à travers des modes de gouvernance horizontale, des pratiques et des savoir-faire ancrés localement et des modèles économiques solidaires. Ces initiatives partagent quatre caractéristiques essentielles : coopération systémique, ancrage territorial, dimension participative et politiques culturelles proactives. Au final, ces projets montrent de quelle façon des actions culturelles peuvent catalyser des changements concrets en mobilisant les citoyens autour d'enjeux écologiques. Ils mettent en exergue l'importance des récits transformatifs. C'est-à-dire des récits qui se reconnectent au réel en mettant en lumière les interdépendances entre les humains et les écosystèmes. Des récits qui proposent des alternatives concrètes et surtout qui visent à instaurer des changements durables en

---

21. www.fnau.org/wp-content/uploads/2023/09/ta-43.pdf

influençant les structures sociales et les comportements individuels. L'heure est venue d'accélérer afin de « passer à l'échelle », en partageant et en rendant visibles les nombreuses initiatives existantes sur les territoires, en mettant en perspective les résultats atteints, sans omettre les difficultés rencontrées.

Comment l'ADEME accompagne la transition écologique et sociale ? Quelle place pour la culture ?

L'ADEME considère que la transition écologique est indissociable d'une transformation culturelle. L'ADEME est une agence d'État d'expertise au service de la transition écologique. L'ADEME est placée sous la triple tutelle des ministères chargés de l'Écologie, de l'Énergie et de l'Enseignement supérieur et de la Recherche[22]. Elle a deux missions principales : d'une part éclairer, inspirer la décision publique et, d'autre part, accélérer la mobilisation en faveur de la transition écologique. Accélérer la massification des changements de comportement présuppose d'utiliser d'autres arguments, d'autres façons de mobiliser, afin de dépasser les seuls engagés-convaincus. Il nous faut développer des propositions concrètes qui dessinent les contours d'un futur sobre et désirable ainsi que

22. www.ademe.fr

les chemins possibles, et non pas faire de simples discours généralistes. Le monde scientifique et technique, dont l'ADEME fait partie, doit parvenir à créer plus de synergies avec les principaux imaginacteurs. Il doit partager le relais des informations rationnelles aux acteurs qui permettront de les rendre plus sensibles (à travers des récits, des œuvres, des aménagements, etc.), de toucher un plus large public et d'enclencher une mise en mouvement massive.

Dans le cadre de ses travaux sur les imaginaires, que ce soit sur la prospective avec « Transition(s) 2050 » et les travaux sur les modes de vie ou dans le cadre de la stratégie grand public et jeunes dont l'une des actions est spécifiquement dédiée aux nouveaux imaginaires, l'ADEME a défini quatre axes pour nourrir cet imaginaire du « mieux vivre ensemble », ces axes pouvant interagir entre eux dans une perspective systémique :

Axe 1 – COMPRENDRE. L'ADEME soutient des projets de recherche et d'études visant à comprendre comment mobiliser les publics à travers de nouveaux imaginaires, mais aussi en travaillant à la valorisation renforcée et renouvelée des travaux d'expertise par l'approche de la mise en récit. Avec plusieurs recherches et études sur ces thématiques, elle incarne aussi son rôle d'experte en apportant à l'ensemble des imaginacteurs de précieux enseignements. Parmi les travaux menés, les scénarios Transition(s) 2050 de l'ADEME mettant en perspective quatre chemins possibles et contrastés pour conduire la France vers la neutralité carbone en 2050 occupent une place majeure. On peut également citer dans un autre registre l'étude *Des récits et des actes* réalisée par l'ADEME, Place to B et BVA qui consistait ainsi à observer de quelle manière la culture populaire pouvait donner envie d'agir en faveur de la transition écologique. Ou encore le rapport *Mobiliser la société à travers le prisme de l'imaginaire* confié à Jules Colé et qui explore les manières de mobiliser la société sur les enjeux de transition à travers une revue de littérature et des entretiens avec des chercheurs, mettant en avant l'importance des imaginaires collectifs.

Axe 2 - FORMER. En ciblant en priorité la montée en compétences d'une partie des imaginacteurs (principalement les acteurs culturels, publicitaires, médias et collectivités pionnières), les actions engagées visent à former et à outiller les imaginacteurs sur les enjeux de transition à travers des dispositifs variés. Parmi les initiatives soutenues, on peut citer : la fabrique des récits de Sparknews, dont l'ADEME est membre fondateur, un collectif qui sensibilise les acteurs culturels aux enjeux de la transition écologique et sociale ; ou encore le « Parcours Nouveaux Récits » porté par l'association Atmosphères 21 dédié aux auteurs-scénaristes, aux conseillers éditoriaux et plus largement à l'ensemble des métiers de l'audiovisuel afin de former et de créer un dialogue constructif avec tous les acteurs de la chaîne de production.

La Fabrique des transitions, qui fédère une communauté apprenante de plus de quatre cents acteurs, vise quant à elle plus spécifiquement à travailler au développement d'une ingénierie de la conduite de changement systémique pour accompagner le passage à l'action notamment par le récit. À ce titre, la dernière publication réalisée avec le soutien de l'ADEME, *Les 5 Dimensions de la mise en récits*[23] constitue un manuel indispensable de conduite du changement, pour faire émerger des récits alternatifs. En effet, « l'approche narrative ne se réduit pas au storytelling, elle porte un enjeu démocratique et soutient une vision ambitieuse des transitions ». Ces travaux nous montrent que, « associée à l'implication, la mise en récits désigne alors une démarche d'envergure jouant un rôle dans la transformation des organisations ». On peut également mettre en avant le MOOC IMAGINE 2050[24], une formation en ligne de quatre-vingt-dix minutes à destination du grand public et des professionnels des industries culturelles et créatives pour questionner et renouveler nos récits de société en faveur des transitions. Ou encore le soutien accordé à la Fresque de la Culture créée par LE DAMIER, cluster d'entreprises culturelles et créatives basé à Clermont-Ferrand, et l'association The Shifters,

23. https://fabriquedestransitions.net/media/lafabrique-mer-bat-web.pdf

24. https://mooc.imagine2050.fr/

afin de sensibiliser les professionnels du secteur culturel aux enjeux climatiques et d'identifier des leviers d'action concrets et durables.

Axe 3 – SE PROJETER. Nous avons besoin d'imaginer de nouveaux récits de société compatibles avec les limites planétaires et les enjeux de transition juste. En contribuant à la création d'écosystèmes fertiles, l'agence sensibilise, accompagne et outille plusieurs parties prenantes aux imaginaires qui permettront ensuite de toucher plus largement l'ensemble de la société *via* différents médias. Cet axe regroupe à la fois des ateliers, des fresques et des initiatives culturelles (mise en récit participative, création éditoriale, audiovisuelle ou événementielle) qui abordent les sujets de transitions. On peut également citer des campagnes de mobilisation, dont la fameuse campagne de l'ADEME « posons nous les bonnes questions avant d'acheter » destinée à faire réfléchir sur nos habitudes de (sur)consommation et nos besoins réels. Outre le soutien aux travaux liés à l'Écologie culturelle, l'un des projets majeurs déployés dans cet axe est celui de l'Assemblée citoyenne des imaginaires. Cette initiative imaginée et construite par Valérie Zoydo fait suite à une enquête menée pour l'ADEME (*Quel storytelling des enjeux actuels dans l'industrie du cinéma et des séries TV*[25]). Elle s'est associée

25. https://librairie.ademe.fr/developpement-durable/4399-quel-storytelling-des-enjeux-actuels-dans-l-industrie-du-cinema-et-de-la-television-.html

à l'ADEME aux côtés de l'association Atmosphères 21 et de Bluenove en tant que partenaires fondateurs. Il s'agit d'une démarche pionnière et expérimentale d'écriture collective pour imaginer les fictions du monde à venir. « L'objectif est de produire une œuvre culturelle populaire qui prend racine dans le vécu, les aspirations et les sensibilités des citoyens... et qui soit à la hauteur des grands enjeux de notre époque, alliant la pédagogie, le rêve et le divertissement. » L'objectif de ce projet est double : reconnecter les citoyens aux défis contemporains en valorisant leur créativité ; fabriquer de nouveaux récits qui dépassent les discours dominants et apportent des visions concrètes et désirables d'un futur soutenable. « Tout le travail de l'assemblée est de former les spectateurs pour qu'ils puissent écrire les récits dont nous avons besoin. En écrivant nos propres histoires, nous pouvons enfin nous autoriser à rêver et à œuvrer ensemble[26]. » C'est l'opportunité de lutter contre les dystopies actuelles qui nous engluent, mais aussi de faire émerger les bases d'une société compatible avec le vivant. Concrètement, il s'agit de nous embarquer vers des chemins possibles, désirables et d'expérimenter en créant des œuvres culturelles populaires. Le processus d'écriture implique à la fois un panel de citoyens, des scénaristes professionnels s'inspirant des apports citoyens (vécus et récits) et des experts accompagnant les citoyens et les scénaristes vers ces nouveaux récits.

26. www.ladn.eu/ladn-transition/assemblee-citoyenne-imaginaires/

Le sens de la démarche est de faire de la pédagogie douce sur l'émergence de nouveaux modèles sociétaux à travers les codes du storytelling, des mythes, du divertissement et/ou de l'humour. Il s'agit d'insuffler ces mutations sociétales avec finesse au cœur de la psychologie des personnages, des éléments de décor ou des enjeux narratifs. Un très beau projet qui ouvre plus largement sur la façon de faire société, en remettant au centre le citoyen afin de nous permettre de pouvoir retrouver les fondements mêmes de notre humanité. On peut citer également des partenariats avec Les Voyages en 2030 glorieuses de Julien Vidal, un atelier qui invite à découvrir tout ce que les transitions peuvent nous apporter et à reprendre collectivement le pouvoir des imaginaires.

Axe 4 – CONCRÉTISER. Cet axe consiste à s'appuyer sur toutes les initiatives qui concrétisent déjà des imaginaires plus en résonance avec les enjeux planétaires, qu'il s'agisse de projets pilotes des transitions ou d'initiatives territoriales innovantes. Il s'agit sans doute de l'un des axes les plus importants puisque ce sont ces projets qui vont permettre de faire l'expérience de nouveaux récits et leur donner de la consistance. À ce titre, on peut souligner l'initiative de l'Extrême Défi Mobilité engagée par l'ADEME, un parcours d'innovation extrême en coopétition[27]

27. La « coopétition » est un terme d'origine anglo-saxonne qui est né de l'union des termes « coopération » et « compétition ». Elle désigne une stratégie d'entreprise visant à mettre en place une relation collaborative

dont l'objectif est de créer de nouvelles solutions de mobilité en remplacement de la voiture dans les déplacements du quotidien des territoires périurbains et ruraux ainsi que dans la logistique en ville, transformant la mobilité en un acte culturel autant qu'écologique. On peut également citer le soutien apporté au Campus de la Transition (Île-de-France) qui est à la fois un organisme de formation aux enjeux de transitions, un laboratoire de recherche-action et un écolieu qui expérimente des modes de vie plus sobres et solidaires.

Ces initiatives et partenariats illustrent l'engagement de l'ADEME à intégrer la culture dans la transition écologique, en mobilisant les imaginaires collectifs et en soutenant les acteurs culturels dans leurs démarches. Ces axes seraient insuffisants s'ils ne reposaient pas sur une approche systémique et non sectorielle, collective et non individuelle, coélaborée et non descendante, reflétant les réalités spécifiques des communautés. Si l'entrée par les imaginaires offre un levier puissant pour mobiliser les sociétés autour de la transition écologique, elle doit impérativement être articulée avec les principes d'une transition juste, afin d'éviter de reproduire ou d'aggraver les inégalités existantes. En soutenant à la fois des actions culturelles et des projets ancrés

---

entre deux ou plusieurs concurrents. https://infonet.fr/lexique/definitions/coopetition/

sur les territoires, l'ADEME se donne le potentiel de créer des synergies pour réussir à « faire récit en commun » et opérer un changement d'échelle. Enfin, pour l'ADEME, les imaginaires (individuels et collectifs) – ces récits et représentations qui façonnent nos perceptions et nos actions – jouent un rôle important dans le processus de transformation des comportements. Cependant, une approche exclusivement centrée sur les imaginaires comporte des limites qu'il est important de considérer. En effet, si les imaginaires structurent nos sociétés, ils ne suffisent pas, à eux seuls, à provoquer des changements concrets et doivent prendre en compte les structures matérielles et les pratiques sociales qui les soutiennent. Ainsi, il est crucial que les nouveaux récits soient ancrés dans les pratiques quotidiennes et les contextes spécifiques des communautés pour être véritablement efficaces. Ils nécessitent un ancrage dans les réalités locales et une articulation avec des politiques concrètes. Pour une transition écologique efficace, il est essentiel de conjuguer la transformation des imaginaires avec des actions concrètes et un accompagnement adapté. L'accompagnement au changement de comportement ne peut se limiter à des injonctions ou des incitations rationnelles. Il doit s'appuyer sur une compréhension fine des mécanismes humains, qu'ils soient émotionnels, psychologiques ou sociaux. Les imaginaires transformateurs jouent ici un rôle fondamental en facilitant l'adhésion aux nouveaux comportements.

Cela implique de créer des récits qui résonnent avec les réalités vécues et de mettre en place des structures et des pratiques qui facilitent l'adoption de nouveaux comportements. En conclusion, si les imaginaires sont des moteurs puissants de transformation, ils doivent être articulés avec des pratiques concrètes, une évolution du contexte matériel, normatif et réglementaire ainsi qu'un accompagnement au changement pour produire des effets réels. Une approche intégrée, qui tient compte à la fois des récits, des comportements et des structures sociales, est indispensable pour relever les défis écologiques actuels.

L'intégration de cette vision mentale et prospective dans les quatre scénarios de l'ADEME

Pour esquisser les transformations à accomplir, nous avons besoin de débattre. C'est pour cela que l'ADEME a souhaité soumettre au débat quatre chemins « types » pour conduire la France vers la neutralité carbone en 2050 *via* son exercice de prospective : Transition(s) 2050 et ses quatre scénarios publiés en novembre 2021. L'objectif global des travaux a consisté à imaginer différents scénarios pour se préparer au mieux au futur alors même que l'adaptation à un monde qui change est nécessaire. Ces travaux font la part belle à la question des modes de vie et des récits de société. Pour rendre concret un futur neutre en carbone, l'ADEME a choisi la prospective. Un même objectif et un même point de départ, mais quatre chemins, quatre transitions de société aux conséquences et aux efforts contrastés : S1/ Génération frugale : des contraintes rapides et fortes réduisant la consommation au plus près des besoins nécessaires ; S2/ Coopérations territoriales : une sobriété comprise, et le partage comme modèle d'une société raisonnable ; S3/ Technologies vertes : le développement technologique plus que le changement des habitudes ; S4/ Pari réparateur : on ne change pas nos modes de vie, « la technologie va nous sauver et réparer ».

Parmi les enseignements de ces travaux : « Les quatre voies présentées permettent à la France d'atteindre la neutralité carbone sur le périmètre territorial en 2050 et de diminuer son empreinte carbone. Mais elles comportent des paris humains (surtout S1) et technologiques (surtout S4) plus ou moins forts qui font ressortir S2 et S3 comme les plus équilibrés et réalisables. La sobriété, qui consiste à nous questionner sur nos besoins et la façon de les satisfaire en limitant leurs impacts sur l'environnement, est le meilleur moyen d'aller plus rapidement vers la neutralité carbone tout en réduisant notre dépendance aux énergies fossiles[28]. »

---

28. www.ademe.fr/les-futurs-en-transition/

Plusieurs initiatives de mise en récit ont ainsi été réalisées à partir des scénarios Transition(s) 2050, dont l'édition spéciale « Regard sur 2050 », les podcasts « Demain c'est pas loin » ou encore le projet pédagogique « immersion-transition 2050 » avec Sciences Po. D'autres initiatives s'inspirent de ces travaux et représentent de précieuses ressources. Par exemple, l'ADEME a travaillé en étroite synergie avec Universciences sur la base des scénarios Transition(s) 2050 sur la nouvelle exposition permanente « Urgence Climatique » de la Cité des Sciences et de l'Industrie en place depuis le printemps 2023, dont l'ambition est d'offrir une compréhension sur la façon de concilier décarbonation et adaptation de nos sociétés. On peut également citer une autre illustration dans le cadre du partenariat mené avec le centre Pompidou qui a donné lieu à l'organisation du forum « Climat : quelle culture pour quel futur ? » du 2 au 4 décembre 2022, avec pour objectif de s'interroger sur les liens entre « transition écologique » et « transition culturelle[29] ». Des débats nombreux ont été organisés autour de scientifiques, d'artistes mais aussi d'acteurs socio-économiques en s'appuyant sur les scénarios de l'ADEME afin de les lire sous un angle nouveau, celui de la culture, des récits et des imaginaires, qui oriente nos choix au quotidien.

29. Format décliné en décembre 2024 par l'Office français de la biodiversité, « Biodiversité : quelle culture pour quel futur ? ».

Comment aller plus loin ?

La transformation écologique exige des changements profonds. Si le storytelling traditionnel a souvent été utilisé pour sensibiliser et mobiliser, il montre aujourd'hui ses limites lorsqu'il reste superficiel ou purement émotionnel. Pour engager une transition durable, il est nécessaire de dépasser ces récits simples et linéaires pour construire des récits transformatifs, capables d'influencer à la fois nos imaginaires et nos pratiques concrètes. Réussir la transition écologique présuppose de s'intéresser aux domaines de l'imaginaire et de la mise en récit, tout en développant des dispositifs d'accompagnement adaptés. En effet, pour qu'un récit prenne sens, il doit être incarné dans des espaces d'émergence, des rituels collectifs et des symboles concrets. Les imaginaires ne font rien tout seuls. Ils ne sont qu'un vecteur de transformation complémentaire de tous les autres. Afin de renforcer l'intégration de la culture dans la transition écologique, trois axes sont à travailler plus spécifiquement :

1 – Renforcer les collaborations entre les différents imaginacteurs afin de mettre en œuvre une réelle transformation systémique.

2 – S'appuyer sur le potentiel transformateur des projets territoriaux liant art, culture et transition écologique, mais aussi scientifiques, en

accompagnant le développement d'initiatives locales et collaboratives.

3 – Promouvoir des politiques culturelles publiques en développant des cadres de soutien pour les initiatives culturelles.

À l'instar de l'invitation de Richard Colin, délégué général de l'association Les Transitionneurs, « Imaginons ensemble des transitions positives[30] » en créant des espaces de dialogue et de cocréation où chacun peut apporter sa voix et ses idées. La réussite obligée du passage à la construction et à l'adhésion collective d'une culture à imaginer constitue l'un des défis à relever. Pour avancer concrètement sur les questions essentielles d'un futur souhaitable et possible, s'imposent donc à la fois une bifurcation de la vision, des politiques et des stratégies portées par les institutions et les entreprises. Essentielles, car elles fondent le socle d'une culture favorisant l'engagement de toute la société pour une transition écologique : prise en compte des communs, droit de la nature, valeurs du sens et des solidarités nouvelles... Où atterrir ? nous demandait Bruno Latour. Le terrain est en approche, c'est le moment de nous préparer si nous voulons éviter une catastrophe qui reste possible. Cela implique donc de transformer en profondeur les organisations pour adopter une

30. www.linkedin.com/pulse/imaginons-ensemble-des-transitions-positives-richard-collin-sl34f/

posture d'écoute, de sincérité et de transparence. En adoptant ces approches, la culture pourra pleinement jouer son rôle de catalyseur dans la transition écologique, en mobilisant les imaginaires collectifs et en inspirant des modes de vie plus durables et harmonieux. Les initiatives actuelles montrent la voie, mais il est nécessaire de renforcer ces dynamiques pour surmonter les freins existants et réaliser pleinement le potentiel des imaginaires dans la construction d'un futur plus soutenable. Si nous voulons intégrer les enjeux écologiques dans toutes les dimensions de la société, continuons à innover, à expérimenter et à partager les bonnes pratiques. C'est un défi enthousiasmant, non ?

3

ÉCOLOGISER LES TERRITOIRES PAR LA VOIE CULTURELLE

Par Nicolas Escach,
maître de conférences en géographie,
directeur du campus des transitions
(Sciences Po Rennes, Caen),
maire adjoint en charge de la ville
durable et de la transition écologique,
cofondateur de l'Écologie culturelle

Face à l'urgence de l'écologisation des territoires, l'action publique locale est confrontée à un ensemble d'impasses : des budgets faibles, une difficile coordination entre les niveaux géographiques, des modèles économiques et assurantiels fragiles, un climatoscepticisme qui semble regagner du terrain[1] et une persistance de l'effet *Not In My Backyard*[2] dans les

1. Les climatosceptiques représentent 30 % des Français selon le 25e baromètre de l'agence de la transition écologique de l'ADEME publié en octobre 2024. L'augmentation est de 7 points par rapport à 2023 et de 12 points depuis 2020. La plupart d'entre eux pensent que l'homme n'est pas responsable du changement climatique ou que les scientifiques exagèrent les risques.

2. « Surtout pas chez moi ».

comportements et les habitudes. Comment changer quand le cadre même de l'action est resté prisonnier des sentiers de dépendance, quand les institutions, les unités de mesure, les configurations spatiales, les imaginaires n'ont pas entamé leur inversion ?

L'écologie ne vise pourtant pas à modifier tout cela directement mais indirectement. Écologiser n'est pas la recherche d'un résultat facile à délimiter mais une manière d'entrer en action. Parce que la méthode change, elle génère d'autres formats qu'il est difficile de prévoir à l'avance et qui nous entraînent souvent sur des terreaux insoupçonnés. Le plus grand défi de l'Anthropocène n'est donc pas de trouver des solutions comme le ferait un rapport scientifique ou un programme politique mais de se définir différemment en tant qu'acteurs.

Prêts à l'emploi et prêts à penser sont parfaitement inutiles dans la succession de chocs et de crises que nous traversons et que nous allons continuer à traverser. Nous avons pourtant survalorisé la compétition, la maîtrise de soi et de son image, en somme l'infaillibilité. Force est de constater que ce n'est pas de ce côté-là qu'il faudra chercher des trajectoires possibles.

L'agir doit réunir à nouveau le courage et la modestie : le courage de s'engager, mentalement mais aussi physiquement, avec tous ses sens, la modestie d'apprendre à apprendre. Notre défi est de bâtir une action éveillée et ancrée à toutes les échelles dans les milieux et les territoires, une action qui réveille et consolide les socles culturels.

La culture est souvent convoquée en alliée de la transformation : imaginaires pour convaincre ou fédérer des publics, occupation transitoire des lieux pour installer des usages avant leur rénovation, happenings au service d'une cause ou d'une lutte particulière. Ces dynamiques sont évidemment passionnantes mais la voie de l'Écologie culturelle attribue aux acteurs culturels une place plus profonde : en quoi la culture peut-elle constituer le cœur même des politiques publiques écologiques ?

La culture est en effet à l'origine de la définition même de l'écologie. Elle constitue l'angle le plus transversal que la redirection écologique puisse trouver. Elle la hisse à la hauteur qui est la sienne : la construction de sociétés écologiques locales. En cela, l'Écologie culturelle est un mouvement opérationnel dont les acteurs territoriaux peuvent et doivent se saisir.

Nous nous proposons dans cette partie d'explorer la voie culturelle comme dispositif méthodologique à destination des acteurs publics à partir notamment d'une expérience d'action locale menée au sein de la ville de Caen. Transformer par la culture suppose de rendre les frontières de l'action poreuses : étendre le spectre de ceux qui sont légitimes à agir et diversifier les registres d'engagement.

Agir autrement par la culture

Les termes « développement durable », « transition », « bifurcation » ou encore « redirection » ont laissé entendre qu'une politique de transformation écologique devait nécessairement s'inscrire dans une perspective téléologique. Ils ont froidement résumé l'action écologique en une série d'étapes, objectifs, indicateurs, bilans au service d'un horizon d'attente trop souvent flou et assez peu mis en débat avec les citoyens. La dynamique d'action reste ainsi prisonnière des dérives de l'Anthropocène : fonctionnement en silos, suprématie de l'approche par projet, culte de la performance, manque d'épaisseur temporelle.

Ce cadencement, se traduisant par des feuilles de route à différentes échelles, est certes tout à fait indispensable aux stratégies urbaines et territoriales pour initier, voire accélérer la transformation. Il assure une lisibilité du champ environnemental, acculture au sujet, garantit une progression des enjeux par crantage et est de nature à rapprocher des acteurs plus ou moins sensibilisés. En en restant là, l'écologie reste cependant une thématique parmi d'autres et n'impacte en cela que superficiellement le régime d'action.

Si suivre une voie opérationnelle toute tracée reste possible dans une situation courante, une telle démarche devient impossible dans un contexte hautement dégradé, associant chocs, ruptures et décrochages. La rationalité est alors débordée par une incertitude à apprivoiser face à laquelle la plupart des collectivités sont insuffisamment outillées.

Écologiser suppose de passer d'un régime de décision à un régime d'orientation. L'enjeu de l'acteur est moins de trancher dans une direction une fois pour toutes que de naviguer dans l'imprévisible avec une bonne dose d'incrémentalisme. Pour reprendre les termes de Pablo Servigne, Raphaël Stevens et Gauthier Chapelle, la redirection écologique conduit à passer d'un mode « observer, analyser, commander et contrôler » à un mode « expérimenter, agir, ressentir et ajuster[3] ».

La mue de l'acteur public

Pour opérer une bascule écologique des territoires, l'acteur public doit nécessairement mobiliser une diversité de configurations d'agir, une « agodiversité ». « Impulser » ou « agir sur » n'est plus toujours le registre le plus efficient car il peut engendrer une action hors-sol, hors contexte, voire spéculative. Agir peut signifier tout autant « faire avec ».

Le terreau doit remplacer le terrain : ne pas figer un résultat tout de suite mais laisser ouvert, dans une perspective vitaliste, le champ des possibles.

3. Pablo Servigne, Raphaël Stevens et Gauthier Chapelle, *Comment tout peut s'effondrer. Petit manuel de collapsologie à l'usage des générations présentes*, Paris, Seuil, 2021.

L'attention au terreau est un agir qui prévient plutôt qu'il ne corrige, qui émancipe plutôt qu'il ne contraint, qui fertilise plutôt qu'il n'épuise. Elle rend possible ce qui n'est pas encore advenu plutôt que de proposer une forme déjà morte sitôt apparue et favorise les formes « apprenantes » ou « encapacitantes ». Le terreau est un accompagnement de la diversité des situations, des configurations d'usage et des personnalités territoriales.

Dans ce nouveau cadre, la force de l'acteur public ne provient plus seulement de son amplitude stratégique et de son sens du discernement mais de sa sensibilité profonde. Composer n'est pas une faiblesse mais un art de la nuance et de la finesse. Dans *Le Courage de la nuance* publié en 2021, le journaliste Jean Birnbaum citait les mots sages restés célèbres de Raymond Aron : « L'homme aliène son humanité et s'il renonce à chercher et s'il s'imagine avoir dit le dernier mot[4]. »

L'acteur peut tirer son impact de sa puissance accueillante tout autant que de sa puissance émettrice. Plutôt que d'être guidé par la seule rationalité, il fait confiance à sa sensibilité, ce qui conduit à laisser une place plus importante, à côté des scientifiques, aux artistes et aux designers, à ceux qui intègrent

4. Raymond Aron, « La notion du sens de l'histoire », communication à l'Académie des sciences morales et politiques, séance du 4 février 1957, *Dimensions de la conscience historique*, Paris, Plon, 1961, rééd. Les Belles Lettres, « Le goût des idées », 2011, p. 65.

la complexité du réel, questionnent ses enjeux et y voient des plis toujours prêts à s'ouvrir.

L'action locale comme force accueillante

Les sociétés locales ont été profondément abîmées par la standardisation des politiques publiques et de l'aménagement des territoires. Les déclinaisons opérationnelles dans les domaines du logement, de l'espace public, de la cohésion sociale doivent être simples, rapides et efficaces. Elles reposent sur des « benchmarks », mobilisent des méthodes « reproductibles », s'inscrivent dans des plans pluriannuels interchangeables. Comment dans une telle normalisation laisser une place à ce que Thierry Paquot nommait le « sur-mesure[5] » ? La politique « kleenex » finit par nous transformer nous aussi en déchets : nous nous sentons superflus et résiduels dans un environnement où nous manquons de prises.

L'uniformisation n'est pas la seule dérive, les politiques locales usent également à l'excès de la catégorisation : « quartiers populaires », « banlieues », « populations de centre-ville », « France périphérique », ces dénominatifs n'ont pourtant aucune forme de réalité sociale ou géographique. Et que dire des périmètres et des critères forcément imparfaits des quartiers prioritaires de la politique de la ville ?

---

5. Thierry Paquot, « Ménager le ménagement », *Topophile*, 13 juin 2021.

Enfin, certains élus n'échappent pas aux dérives de la stigmatisation sous couvert de discours sur la sécurité ou la laïcité. Le vocabulaire martial gagne les prises de parole publiques et nous éloigne du fond des débats. Comment réconcilier les mémoires postcoloniales chez les descendants des migrants de l'après-guerre ? Pouvons-nous réunir héritage ouvrier ou paysan et redirection écologique ? Par quels moyens recréer la dignité d'habiter dans des quartiers suburbains où les infrastructures initialement prévues n'ont jamais été construites ? Comment prévenir une future privatisation des ressources et permettre les conditions de l'hospitalité le jour où s'accéléreront les migrations climatiques ?

Seul un acte fort de décélération offrirait à nouveau de prendre soin : construire des territoires « à échelle humaine » et « à hauteur d'hommes », prendre le temps localement de se raconter à nouveau l'histoire commune pour trouver des trajectoires respectueuses et parcimonieuses dans l'avenir.

Certaines communes choisissent pour retisser un lien plus étroit de réactiver les conteurs et les crieurs publics. À Muttersholtz (Alsace), Lénaïc Eberlin de la compagnie Bardaf a ainsi proposé des « criées volantes » pendant le confinement, une déclamation de textes et de poésies pour et par les particuliers : d'une écolière pour sa maîtresse d'école ou d'une famille pour l'anniversaire de sa grand-mère. Il souhaitait ainsi perpétuer la tradition disparue de l'appariteur communal appelé *Bott* en alsacien. Jusqu'à la fin des années 1970, celui-ci annonçait le prochain conseil municipal, la venue des vendeurs ambulants, le début de la fenaison et des vendanges, les adjudications de bois, et relatait également les intempéries et leurs conséquences (sécheresses et inondations[6]).

Cet exemple traduit une nécessité d'humaniser et de personnaliser l'information et la manière d'y accéder mais aussi de lier à nouveau la diffusion des faits, par exemple sur l'évolution climatique, avec le renforcement d'une appartenance commune. Le contexte d'énonciation de ce qui est porté à notre connaissance (pour reprendre l'expression alsacienne des appariteurs *Es wird bekannt gemacht*) est bien trop parcellisé pour ne pas susciter d'angoisse. La réception est individuelle et est d'autant plus vertigineuse que s'est dissous le sentiment immédiat de faire partie d'un collectif.

L'expression d'une parole publique

Dans un contexte de dégradation généralisée, où l'écoanxiété cohabite avec le climato-fatalisme, l'action publique à l'échelle nationale comme locale manque de l'expression d'une parole, une parole

6. Voir le reportage de France 3 réalisé en 2020 : https://france3-regions.francetvinfo.fr/grand-est/bas-rhin/selestat/alsace-conteur-declame-messages-aux-habitants-muttersholtz-rappelant-tradition-du-crieur-public-1830068.html

familière, restauratrice et mobilisatrice. Nous entendons partout des discours, des éléments de langage, des interventions techniques, mais où est la parole de sincérité qui interrompt, marque une pause dans le désordre, offre l'occasion de repousser plus loin l'horizon ?

L'enjeu de l'acteur local est de donner du sens à une trajectoire partagée en rétablissant le temps long, de permettre une prise de hauteur et des formes collectives d'anticipation et de déployer l'exercice du réconfort et du soin lorsque les disparités, les injustices ou un écart dans les capabilités apparaissent. Ces impératifs ne peuvent se traduire que par des expressions rares et mesurées ponctuées de silences, à rebours de l'accélération de la communication politique actuelle où la réaction ininterrompue semble prendre le pas sur l'ouverture de perspectives.

Nous avons bâti une société en mal de reconnaissance, tant s'est délité ce qui la rendait possible : le sens du travail, la valorisation des savoir-faire, la place accordée à l'éducation, la force de l'engagement, l'importance de la transmission entre pairs ou entre les générations. Et ce n'est pas tout : la fierté passe aussi par la liberté de vivre sur le territoire qui nous a vus naître, pas de le quitter faute de services publics ou d'emplois.

Une politique de la reconnaissance à toutes les échelles passe par des actions concrètes mais aussi par des « re-présentations » : il manque aujourd'hui à beaucoup de représentants politiques des mots aussi réparateurs que fondateurs, susceptibles de restaurer une confiance en l'avenir pour tous et un sentiment chez chacun de sa légitimité à s'engager.

Agir en commun en réinventant l'institution

L'ambition de l'écologie devrait être sa propre disparition : pleinement intégrée à la société dans son ensemble, elle constituerait le ressort désormais banalisé d'un désir partagé. Pourtant, elle reste engoncée dans un costume trop étroit, à tel point que certains en appellent à une écologie populaire pour tenter d'étendre son appropriation, en particulier dans les quartiers de grand ensemble qui subissent très fortement les conséquences du changement climatique : mauvaise qualité de l'air, accès inégal aux transports en commun, bétonisation. « Populaire », ce mot à la fois restrictif et vague ne recoupe pas de réalité géographique, socio-économique ou historique stricte. Parler d'écologie populaire sonne cependant comme une alerte : une partie de la population se sent mal représentée par les institutions et peu légitime à agir dans un contexte d'inégalités sociales et territoriales très fortes. La commune peine à rassembler, elle crée des frustrations. Il est temps de passer du « paternalisme communal » à la « commune conviviale et solidaire ».

L'action publique dans une dynamique d'écologisation vise une orientation par les habitants eux-mêmes du devenir de leurs trajectoires et de leurs territoires. Dans un espace qui se dérobe littéralement sous nos pieds, dans des univers politiques et citoyens ballottés et dégradés, l'acteur public régénère les institutions existantes mais aide aussi à construire des armatures d'ancrage et de refuge, des infrastructures et institutions citoyennes qui placent la résilience sociale au cœur des stratégies de robustesse.

Ces institutions citoyennes sont de plusieurs ordres : communs territoriaux dans les champs alimentaires et énergétiques, plateformes d'acteurs à l'échelle d'un quartier, d'un ensemble d'immeubles ou d'une rue, lieux condensant les « trois A » (Apprendre-Aimer-Agir) comme les foyers communaux, salles des fêtes, maisons communes, centres socioculturels ou d'animation, MJC, pôles de vie de quartiers, bibliothèques, musées locaux ou écoles.

Ces nouvelles institutions dressent des ponts entre des configurations d'agir parfois opposées : démocratie représentative, action directe, nouveaux activismes, redéfinitions du militantisme, implications bénévoles, participation à une économie souterraine, pratiques ordinaires.

Une armature géographique de redirection écologique est à (re)construire à toutes les échelles en partant du tissu local. Le rôle de l'acteur public est d'accompagner la quête collective de réhabiter tout en luttant contre tout ce qui lui fait obstacle, quitte à recomposer les centralités, les flux, les lisières. Une société locale ou microlocale résistante est avant tout constituée d'un réseau dense et diversifié d'acteurs, de formes nourries de solidarité, de convivialité et d'hospitalité, de lieux partagés et apprenants.

La Ville de Caen a lancé en 2025 un programme d'investissement dans des lieux déjà très identifiés par les habitants au sein des quartiers. Ils bénéficieront d'un accompagnement financier de la ville dans plusieurs champs : amélioration de la convivialité, création d'espaces d'expositions et de kiosques de quartiers, acquisition de kits d'activité, de sensibilisation ou de formation, aménagements conçus pour la résilience des habitants comme des panneaux photovoltaïques, un espace végétalisé ou un jardin partagé. La direction de ces investissements sera décidée en commun entre la ville et les lieux.

En appui de ces lieux, des programmes de formation aux nouveaux métiers sont prévus : éducation à l'environnement, animation d'ateliers, jardinage urbain et compostage, réparation d'objets, réemploi et gestion de ressourceries. Un programme culturel et des journées des quartiers en transition sont également montés pour accompagner les rencontres à l'intérieur même des quartiers ou les échanges d'expériences entre quartiers.

Le réseau des lieux de transition identifie des espaces de coconstruction des projets de quartiers entre habitants et avec les partenaires institutionnels, crée des plateformes de formation en appui des compétences existantes et cible des refuges fédérateurs pour anticiper les chocs à venir et poursuivre la densification des liens sociaux et des solidarités.

Ces lieux valorisent les pratiques ordinaires. Dans chaque quartier, des habitudes aujourd'hui dépréciées par les institutions peuvent devenir de puissants leviers écologiques : liens sociaux construits dans le cadre de « systèmes D », pratiques informelles de sobriété à l'instar des garages clandestins de réparation/réemploi, rituels alimentaires. Si le mot « transition » prononcé par les acteurs publics apparaît souvent comme une injonction mal placée, beaucoup de familles n'ont pas attendu le changement climatique pour faire preuve de bon sens sans l'affubler pour autant d'un lexique jargonneux : utilisation du vélo, covoiturage, éducation parentale sur la nécessité d'économiser l'eau, cuisine collective, cultures en pied d'immeuble.

Les maisons de l'Écologie culturelle et la charte qui les rassemble sont un autre exemple de nouvelle institutionnalisation et territorialisation. Elles inscrivent leurs trajectoires dans cinq piliers : célébrer, expérimenter, rassembler, créer et construire. Penser la culture à un niveau plus global de la société, faire culture commune et arborer fièrement nos richesses culturelles pour construire nos engagements futurs peuvent devenir de véritables ambitions écologiques[7].

---

7. Voir https://lecologieculturelle.fr/wp-content/uploads/2023/07/Charte_Maisons.pdf

Des initiatives existent aussi à l'échelle européenne. Le programme transnational CCI4Change[8] vise à intensifier les collaborations entre les autorités locales, les citoyens et les professionnels de l'industrie culturelle et créative autour de grands défis écologiques et de cinq projets pilotes. Il associe entre autres la ville de Kotka, l'université des sciences appliquées du sud-est de la Finlande, le gouvernement local de Jūrmala en Lettonie et la région de Scanie en Suède. Duncan Geere, un musicien génératif, prévoit de créer une composition musicale à partir de données recueillies sur la consommation énergétique de citoyens volontaires. Dans la région de Scanie, le nouveau centre Ifö Center, réaménagé sur les vestiges d'une usine désaffectée, doit servir de résidence artistique à somme nulle, dans laquelle seront créées des œuvres d'art à partir de matériaux recyclés pour sensibiliser autour des questions énergétiques. Enfin, l'initiative lancée par Banja Media vise à produire des vidéos courtes, humoristiques, sur des sujets environnementaux afin d'inciter les spectateurs à réfléchir sur ce que nous pouvons faire pour économiser l'énergie et promouvoir la redirection écologique. Pourquoi ne pas imaginer sur ce modèle des résidences d'artistes au sein des villes et

8. Cas développé à partir du travail de Gaspard Bernard, étudiant de deuxième année au campus des transitions de Sciences Po Rennes à Caen.

des régions pour problématiser autrement les grands enjeux de territoire ?

Le renouveau institutionnel doit également viser une perspective élargie, au-delà des seuls humains. Le parlement de Loire à Tours ou le collectif « Nous sommes Orne » à Caen sont des exemples d'émergence de nouvelles institutionnalisations cosmopolitiques ou écopolitiques. Notons que, pour le premier, le format très théâtral des auditions publiées en 2021 sous la direction de Camille de Toledo dans *Le Fleuve qui voulait écrire* a été choisi. Dans le même esprit, un faux procès des pollueurs de la Seine a été organisé en 2024 au théâtre de la Concorde sous l'égide de la juriste Marine Calmet et en présence de la maire de Paris Anne Hidalgo.

Peut-on interroger à travers ces exemples la place de la performance dans le fonctionnement quotidien de ces nouvelles institutions ? Plus globalement, des formats nouveaux sont sans doute à inventer : chartes de valeurs et d'engagement, nouveaux rituels citoyens ou d'appartenance, dispositifs performatifs. Qu'est-ce qu'une institution au fond, sinon un cadre du vivre et du faire ensemble, de la conduite de l'équilibre et de l'établissement de la durée ?

Les formats que nous présentons sont éminemment culturels. Ils contribuent à nous situer dans un contexte géographique et historique, s'animent par le sensible, nous parlent un langage familier et créent de la cohésion territoriale.

L'Écologie culturelle pour réveiller nos territoires

Nos territoires ont besoin de se remettre en mouvement dans des formes ouvertes et partagées. La crise écologique est le produit d'un déficit d'appartenance ou plutôt d'une appartenance désormais défensive : quand nous faisons commun, nous le faisons au plus petit niveau possible. Réveiller les territoires est un travail d'élargissement et d'approfondissement que seule une réflexion culturelle peut engager.

Réapprendre à habiter par l'expérience

La transformation écologique est constituée de cycles d'éveil, de mobilisation et de bascule. Nous nous illusionnons sur notre place réelle dans le mouvement de redirection écologique. Tandis que les discours sur l'urgence s'accumulent, l'éveil n'a pas encore pris son essor : où sont les programmes scolaires, les cursus universitaires, les lieux d'éducation populaire et citoyenne, les formations continues dédiées aux transitions ? Sommes-nous prêts à inventer les MJC ou les maisons de la culture du XXIe siècle ?

Nous sommes de plus en plus mal informés sur le vertige qui se dresse devant nous mais quand bien même nous le serions mieux... Le philosophe Günther Anders avait très bien résumé la difficile conscientisation écologique : nous *savons* – la vérité scientifique des enjeux climatiques ne nous est pas cachée – mais nous ne *croyons* pas ce que nous savons.

Face à la sidération, aux blessures de tout ordre, aux configurations dégradées, le dispositif culturel au sens de Giorgio Agamben[9] ouvre la voie non de la compréhension mais de l'expérience concrète. La rationalité et la volonté de maîtrise butent souvent sur la complexité des enjeux, sur des systèmes verrouillés de décision et sur la difficulté à vaincre l'anxiété. La « mise en expérience » ne résout pas l'incertitude mais elle l'apprivoise à travers l'activation de nouvelles formes d'intelligence par-delà l'analytique : une approche intuitive, corporelle, analogique ou sensible.

Le premier vecteur de transformation individuelle et collective est de se situer quelque part, y compris physiquement. L'Anthropocène produit de l'arbitraire et du générique au sein des sociétés : les objets, les symboles, les valeurs, les entités ne renvoient plus à autre chose qu'à eux-mêmes. À l'inverse, la culture réancre par l'inscription dans un contexte historique et géographique précis. Ressentir dans son corps une appropriation, une appartenance, permet de lutter contre un sentiment diffus de résidualité[10] et restaure la puissance d'agir. Nous devons réapprendre à

9. Giorgio Agamben, *Qu'est-ce qu'un dispositif ?*, Paris, Rivages Poche, 2014.

10. Zygmunt Bauman dans *Vies perdues* rappelle combien la modernité nous rapproche souvent de la condition de déchets.

habiter, « se transformer en transformant le monde » pour reprendre les mots du géographe Olivier Lazzarotti. Comment s'engager profondément dans un monde que nous ne comprenons plus et qui nous donne la sensation de ne plus avoir la moindre prise, où notre présence est finalement devenue sans conséquence ?

Avec l'expérience vécue intimement, le déjà-là s'ouvre et la réalité apparaît concrète et immédiate, « au plus près du sol[11] ». Cette dernière surgit dans toute son ambiguïté et dans toutes ses brèches. Ces plaies non refermées sont parfois constituées de frustrations, de crispations identitaires, de blessures mémorielles, de déficits de reconnaissance. Re-présenter le réel par l'art est certes une manière de l'examiner et de le mettre à distance mais la représentation crée dans un premier temps un ébranlement intérieur. La rationalité avait fini par nous habituer au plus inconcevable : les catastrophes climatiques étaient devenues des chiffres, des synthèses et des graphiques. Derrière ces « masses indistinctes » se cachent pourtant des « sommes d'individualités »[12].

La dimension sensible nous questionne sur nos attachements et rompt nos sentiers de dépendance. Elle crée une pause dans nos trajectoires déjà tracées

11. L'expression a été utilisée par le pasteur danois Grundtvig, voir à ce sujet : Nicolas Escach, *Les Danois*, ateliers Henry Dougier, 2017.

12. Expressions utilisées par Jean-Clarence Lambert dans *La Paix dorée*.

et peut ouvrir en cela la voie du possibilisme, c'est-à-dire d'une rencontre entre des champs d'action insoupçonnés sur nos territoires et une mise en mouvement des sociétés locales. L'analyse, en particulier scientifique, est indispensable pour appréhender un contexte et prendre de la hauteur, mais seul le sensible nous mobilise réellement et suscite une énergie de réaction.

Par cette expérience presque métaphysique de la rupture, nous relisons différemment nos territoires sur le temps long, réparons une partie de nos traumas ou de nos tabous, recomposons nos liens et nouons de nouvelles alliances. Cette révision des dépendances et des indépendances permet des formes d'inversions, « des chemins créatifs, cachés ou contre-intuitifs », qu'explore le biologiste Olivier Hamant[13] dans ses écrits.

L'Écologie culturelle face aux défis des sociétés écologiques locales

La redirection écologique change fondamentalement les contours des sociétés locales. À l'heure de l'Anthropocène, les territoires sont devenus des citadelles trop défensives et conservatrices. D'autre part, nous n'habitons plus pleinement nos territoires et nous vivons sur les mêmes territoires sans nous rencontrer.

---

13. Olivier Hamant, *Antidote au culte de la performance, la robustesse du vivant*, Paris, Gallimard, 2023.

Les enjeux climatiques et physiques s'accompagnent de chocs politiques et sociaux engendrant une hausse de la vulnérabilité collective et nous privant d'un cadre d'action cohérent et coordonné : défense et expression des seuls intérêts individuels, clubbisation sociale[14] et manque d'espace réellement public, fragmentation et ségrégation sociospatiale, diversification des temps territoriaux et des trajectoires, croissance des habitudes et expériences virtuelles, uniformisation culturelle, méfiance envers la démocratie représentative, absentéisme électoral, conflictualité locale polarisée...

Dans cette configuration, l'Écologie culturelle est la mieux placée pour investir cinq types de défis que l'action publique doit affronter pour une transformation écologique profonde des territoires.

1. L'articulation accrue entre les échelles, les strates et les niveaux, en somme des formes de « redimensionnement »

L'action publique vise à renforcer dans ce cadre les échelles humaines ou les échelles adaptées à une meilleure santé du territoire : les rues, les voisinages, les quartiers, les communes jusqu'aux biorégions, les périmètres aux limites flottantes mais qui présentent une haute valeur d'appropriation.

---

14. Voir le livre d'Éric Charmes, *La Ville émiettée. Essai sur la clubbisation de la vie urbaine*, Paris, Humensis, 2011.

Il est temps de dépasser les espaces-acronymes, les maillages gloutons ou XXL, les ensembles foutoir. Les régions issues de la réforme de 2016 sont ainsi aussi vides que leur nom : Grand Est, Nouvelle-Aquitaine, Hauts-de-France. « Faire quartier », « faire commune » ou « faire bassin-versant » suppose de puiser dans les habitudes, les fonctions et les usages, dans la force de la géographie et de l'histoire, dans le petit et le grand patrimoine, dans l'identité profonde et intime des lieux, dans le rôle fédérateur des centralités. La toponymie est sans conteste un bon indicateur de la vitalité des dynamiques d'habiter tout comme toutes les formes de ritualisation (fêtes de quartiers, rues festives, fêtes des voisins).

Les pratiques multiscalaires ou multiniveaux à l'échelle d'un bassin-versant, d'une mer intérieure ou d'un massif montagneux se prêtent aussi davantage à une compréhension systémique des territoires, dans l'expression des besoins des habitants mais aussi dans les risques qu'ils doivent affronter.

La redirection écologique conduit à tisser toutes sortes d'alliances entre les territoires à des échelles intercommunales, transfrontalières, transnationales, voire internationales à l'instar des Climate Twin Cities. La culture dresse ainsi des ponts entre les sociétés civiles. Certes, la municipalité d'Odense a choisi de contacter la Ville de Caen pour une raison purement algorithmique : en faisant tourner deux cents indicateurs, il s'avérait que la ville normande serait la plus proche de la ville danoise dans ses tendances climatiques futures. Cependant, il existe aussi des coopérations renforcées par des liens fonctionnels, linguistiques ou historiques. Les réseaux de la Hanse médiévale ont ainsi servi en mer Baltique de vecteurs pour des coopérations politiques autour, entre autres, des enjeux environnementaux[15].

Enfin, la verticalisation des territoires, du sous-sol à la canopée en passant par le sol dont la valeur est désormais reconnue, constitue un changement intéressant de focale que l'art et la culture peuvent accompagner par la cartographie ou la performance. À Bruxelles, le travail *Tour & Taxis Backup* de Lou Delamare a consisté à prélever un échantillon de sol issu d'une friche (un scalp de 21 m^2 de la couche végétale du site avant son arasement) pour le réimplanter une fois le site aménagé[16].

2. *La reconnaissance de la valeur stratégique des temps et des rythmes*

Les années 1970 ont réalisé une fausse promesse : celle pour chacun de s'approprier l'espace à travers la matrice pavillonnaire. L'étalement urbain a généré une dette énergétique et environnementale considérable. L'espace vient aujourd'hui cruellement à

---

15. Nicolas Escach, *Réseaux de villes et recompositions interterritoriales dans l'espace baltique*, thèse soutenue en 2014, disponible en ligne, https://theses.hal.science/tel-01096934.

16. www.cultureetdemocratie.be/articles/tour-taxis-backup/

manquer mais nous pouvons trouver une manière plus harmonieuse d'habiter le temps.

Le temps long est celui des chaînons de la transmission par exemple intergénérationnelle. Sur le temps court, la logique linéaire de projet est remplacée par des programmations urbaines et territoriales incrémentales ou itératives : urbanisme temporaire ou transitoire, réversibilité fonctionnelle et constructive, mutualisations de bâtiments, dynamiques saisonnières.

L'enjeu est aussi, par la culture, de travailler sur l'harmonisation des temps et des temporalités, voire à des formes de synchronicité, alors même que nos temps comme nos trajectoires sont de plus en plus individualisés et parallèles, en particulier dans les villes et les métropoles. Tandis que des bureaux des temps ont été expérimentés, par exemple à Rennes, la voie culturelle peut investir des formes ponctuelles ou récurrentes de rassemblement : événements, rites et rituels, traditions citoyennes et républicaines. Cela apparaît d'autant plus nécessaire que le déclin des grandes utopies du XXe siècle, comme de la religion, a généré une baisse de la structuration de nos années et de nos biographies.

Le temps s'exprime également par la durée et par un travail sur l'héritage, le patrimoine et la mémoire. Jusqu'à quel point les blessures mémorielles entravent-elles la possibilité d'habiter certains territoires dans des espaces ruraux, des villes reconstruites, des quartiers prioritaires de la ville ou d'anciennes communes ouvrières ? L'Agence nationale de psychanalyse urbaine (ANPU) mobilise des artistes et des cartographes pour « mettre les territoires sur des divans[17] » et lever les tabous. La stratégie temporelle permet également de générer des évolutions par des mécanismes d'apprentissage individuel ou collectif. Les rythmes font eux référence à une possible quête de ralentissement et de décélération, à l'accompagnement de pauses ou de renoncements, tout comme à un rapprochement des temps sociaux avec la chronobiologie et le corps.

3. La défense d'un espace public de qualité et pensé à l'interface avec le commun et le privé

Non seulement l'espace public a tendance à se réduire au profit d'espaces communs, privés ou commerciaux, mais il est menacé à la fois par la clubbisation sociale et par l'essor des inégalités et des discriminations. De sa qualité dépend pourtant une partie de la résilience des territoires (végétalisation, renaturation, extension des trames paysagères).

Les artistes et les acteurs culturels sont les premiers défenseurs de l'espace public et des modes d'expression que l'on peut y développer (en particulier des actions directes ou de nouveaux activismes). Le *placemaking* (fabrique des lieux) est une approche

17. www.anpu.fr/

de design extrêmement intéressante pour rendre les espaces publics sûrs, inclusifs et apprenants. La création de communs territoriaux peut sur certains plans être extrêmement intéressante, par exemple pour répondre à des enjeux énergétiques ou alimentaires.

Travailler sur les espaces publics suppose de considérer le choix de la ligne comme motif central. La ligne symbolise sur le plan social la force des liens : cohésion, chaînes de transmission, solidarité, mutualisation. Spatialement, elle est générée par une baisse du trafic automobile qui libère des espaces partagés linéaires, tandis que les fronts d'eau, de forêt et de nature sont progressivement aménagés. Les bords du fjord d'Oslo font par exemple la part belle à des stations artistiques, citoyennes et culturelles.

La résilience atteinte par le croisement entre des stratégies sur des terrains publics et sur des espaces privés est également à rechercher. Le rafraîchissement urbain et la cohérence écologique s'atteindront par exemple par des programmes de débitumisation, de végétalisation, de plantation et de création de continuité et de corridors touchant à la fois les espaces publics et les jardins des particuliers. Ces problématiques créent des fronts juridiques mais aussi culturels. Les jardins de Bécherel investis par l'association Regards de Mômes, labellisés « maison de l'Écologie culturelle », se situent ainsi chez des particuliers mais sont investis en temps, argent et liens affectifs par une partie de la population obligeant ainsi à inventer des formats différents de gestion et de transmission, la valeur ayant été coconstruite et le territoire agradé. Plus les relations entre usages publics et usages privés seront imbriquées, ce qui suppose de questionner la propriété, moins les effets NIMBY (*Not In My Backyard*) seront puissants.

4. *L'inscription de « l'apprendre » au cœur même de la société*

Dans un monde incertain, nous nous devons de devenir des êtres curieux, modestes et apprenants. L'apprendre décloisonne les types de compétences et les intelligences (analytique, sensible, intuitive) et offre l'accès à une « pensée pratique ». Apprendre suppose aussi de développer les lieux de savoir, d'expression citoyenne et de culture : musées, théâtres, centres socioculturels. L'apprendre assure une présence et un être-au-monde alors même que croissent les habitudes et expériences virtuelles et une forme d'uniformisation culturelle. L'apprendre suppose aussi l'accueil et l'hospitalité.

5. *La naissance d'un perspectivisme étendu*

Les sociétés ne doivent plus construire leurs institutions, relire leur histoire ou aménager leurs espaces à l'aune des seuls humains, mais prendre en compte les entités naturelles et les vivants non humains. Ils ont non seulement une valeur économique (par exemple à travers des Barèmes de l'arbre), mais aussi sociale et citoyenne. Cosmopolitiques et « cosmopolitesses » au sens de Baptiste Morizot s'associent dans une révolution qui est culturelle et artistique : patrimoine vivant, récits et imaginaires, animaux totems[18], commémorations à l'instar de celles organisées pour l'Okjökull, un glacier disparu en Islande. En 2024, un cimetière éphémère a même été ouvert près de Reykjavik, des stèles de glace rendant hommage à quinze glaciers disparus à travers le monde.

La culture en territoires fluctuants

L'Anthropocène produit des territoires fluctuants et des habités hautement perturbés. La ville suédoise de Kiruna (23 000 habitants) est un cas pionnier de translation géographique comme nous en connaîtrons beaucoup dans des contextes de submersion marine, d'inondation, de glissements de terrain ou de mégafeux. L'exploitation minière intensive y a considérablement dégradé le territoire municipal. Les sous-sols de la ville se sont affaissés et au fur et à mesure des années, des fissures et des crevasses sont apparues rendant le terrain instable. L'exploitation des mines mettait en danger les habitations ainsi que l'ensemble des bâtiments administratifs et économiques. La municipalité a dû alors

18. L'animal totem semble être un médium d'acculturation et d'action. Il est très présent dans la littérature écologique : le loup ou le castor pour Baptiste Morizot, l'oiseau ou le poulpe pour Vinciane Despret, le renard chez Nicolas Baron.

faire un choix radical entre la fin de l'exploitation minière et le déménagement de Kiruna. Décision a été prise de délocaliser à l'horizon 2035, à 4 km à l'est de leur emplacement originel, 450 000 m^2 de logements, d'écoles, de commerces ou d'espaces de loisirs. Six mille deux cents personnes se trouvant dans la zone rouge sont concernées par le déménagement du centre urbain. Tout le centre-ville sera recréé de toutes pièces ; seulement quelques bâtiments symboliques tels que l'église en bois seront gardés. Quatre petits kilomètres séparent le vieux centre du nouveau, mais est-ce pour autant la même manière d'habiter, peut-on transposer l'expérience de l'habiter, ne serait-ce que de 4 km ?

Nous vivrons tous des Kiruna demain avec le changement climatique qui obligera de vastes entreprises de « déménagement des territoires » quand nous ne les aurons pas suffisamment ménagés. En 2019, l'Indonésie a déclaré se doter d'une nouvelle capitale sur l'île de Bornéo : Nusantara remplace Jakarta depuis 2024 en raison des inondations, de l'accumulation de la pollution et de la surpopulation. Plus largement, les espaces faunistiques et floristiques qui nous entourent muteront à mesure du changement climatique. Nous demeurerons alors au même endroit mais l'écosystème autour de nous changera, garderons-nous dans ce mouvement une vision similaire de l'habiter ? À Marseille, des chercheurs, pêcheurs, chefs cuisiniers travaillent déjà à une nouvelle recette de la bouillabaisse pour articuler traditions ancestrales et nouvelle donne climatique.

La crise de l'Anthropocène est une profonde crise de l'habiter. Elle nous oblige à une instabilité permanente, à ne plus reconnaître le sol sur lequel nous sommes posés et qui se dérobe sous nos pieds. Devons-nous apprendre à apprivoiser un « habiter liquide » comme il existe des démocraties liquides, des sociétés liquides au sens de Zygmunt Bauman[19] ? Prendrons-nous au contraire conscience qu'il nous faut apprivoiser notre environnement au point d'observer finement sa dynamique, de développer un goût des biosystèmes et un sens aigu du terrain ?

Ces instabilités nous mettent à nu et exhument nos fragilités : elles constituent des révélateurs puissants. La culture n'est pas une composante superficielle mais profonde de nos sociétés. La solidité qu'elle produit et le niveau de pénétration qu'elle offre répondent comme une fondation solide face au caractère désormais gazeux de la territorialisation.

Au sein de la culture, les artistes et designers ont un rôle particulier à jouer dans ce « face-à-face » avec l'espace au moins sur trois plans.

Tout d'abord, les perturbations climatiques tout comme le nécessaire ménagement des territoires

---

19. Zygmunt Bauman, *La Vie liquide*, Paris, Fayard, 2013.

(préservation des sols vivants et de la biodiversité, rétablissement des terres agricoles) rendent l'espace précieux. Nous ne pouvons plus nous permettre d'artificialiser, d'occuper ou de conquérir l'espace comme nous l'avons fait auparavant. Les tâches urbaines étalées à l'instar de celle de Toulouse ont profondément blessé les écosystèmes. La fin de l'expansion engendre des réflexions en termes de redimensionnement, d'intensification, de stratification, de rationalisation, de mutualisation, de programmation, de prévention et de ralentissement. Architectes, ingénieurs, *placemakers* imaginent des formats légers, souples et modulables : un microappartement tenant sur une place de parking nommé « Tikku » conçu par le cabinet d'architecture finlandais Casagrande Laboratory et exposé pendant la Helsinki Design Week[20], des *parklets* dessinés par Fabian Lundberg associant stationnements de vélos et convivialité pour intensifier les rues de Stockholm[21], une valorisation des voûtes d'Alger instillant un imaginaire vertical dans le cadre d'un projet mené par l'architecte algérien Karim Louni[22].

---

20. Voir à ce sujet l'article de la revue *ArchDaily* : www.archdaily.com/881462/tikku-micro-apartment-marco-casagrande.

21. L'initiative a été relayée par le *Guardian* : www.theguardian.com/environment/2021/feb/08/how-sweden-is-taking-back-parking-spaces-to-improve-urban-living.

22. www.lefigaro.fr/international/un-chantier-titanesque-pour-refaire-d-alger-un-diamant-de-la-mediterranee-20231202

L'espace n'est pas seulement rétréci par la fin nécessaire de l'étalement urbain (sobriété foncière, sobriété énergétique), il doit se réorganiser intrinsèquement pour répondre à plusieurs défis : aléas climatiques directs ou indirects (submersion, inondation, remontées de nappe, hausse des précipitations, glissements de terrain), résilience alimentaire et énergétique (maintien d'une ceinture verte et de zones de production d'énergie), accès à des refuges climatiques et à des zones de fraîcheur, espaces d'exercice d'une écopolitique ou cosmopolitique en lien avec le vivant.

À Caen, une vaste opération urbaine nommée la Presqu'île avait été lancée en juin 2010 donnant lieu à un plan-guide réalisé par le Néerlandais Winy Maas (agence MVRDV). Elle consistait, sur trois communes, en la requalification d'anciennes friches industrielles, d'un marché de gros et de 10 km de berges entre le canal de Caen à la mer et l'Orne. La zone d'aménagement concerté du Nouveau Bassin sur la commune de Caen prévoyait à terme sur 40 ha 2 500 logements et 35 000 m^2 de surface commerciale.

Malgré l'obtention de l'ensemble des autorisations environnementales et des précautions plus exigeantes que le plan de prévention des risques multiples de l'État (PPRM), en particulier une surélévation des bâtiments, une concentration des centralités sur les points hauts et une place importante du végétal à toutes les échelles, les élus et services de la ville et de la Communauté urbaine ont décidé de mettre en pause le projet en 2023, ce qui constitue une première en France. Les travaux du Giec normand ont permis d'ajuster les prévisions climatiques notamment d'anticiper la vie quotidienne dans le quartier au-delà des événements ponctuels et intenses. La Presqu'île constitue également un espace tampon susceptible de renforcer la résilience du centre ancien, du centre reconstruit (Saint-Jean) et de la gare. Sa situation entre la ville et l'estuaire en fait un maillon clé face à la submersion marine et aux inondations, mais aussi dans le rafraîchissement de la ville *via* l'effet de la « brise de mer ».

L'annonce de l'interruption du projet a dû être répétée à plusieurs reprises tant l'incrédulité a régné dans les premiers mois suivant la décision. Ce renoncement a cependant ouvert la voie des possibles : renaturation d'une vaste zone, expérimentations autour d'habitats légers, activités économiques temporaires, écriture de nouveaux récits.

Dans le cadre du Millénaire de Caen, un collectif d'acteurs culturels réunis au sein de Presqu'île Créative a monté un projet nommé « Débord(i)ons » autour d'une nouvelle manière d'habiter le quartier en acceptant la présence durable de l'eau conçue comme un objet de ralliement et d'expression commune et en renouant durablement avec le vivant. Le Bazarnaom, labellisé « maison de l'Écologie culturelle », imagine dans ce cadre une place imaginaire écopolitique, conviviale et citoyenne, tissée dans une temporalité offerte par la suspension, en prenant en compte les habitants visibles et invisibles et dans un souci de réparation des terres abîmées par l'industrie[23]. L'ambition est de prendre soin et de réparer l'imaginaire d'un écosystème, l'apport de ressources vitales (eau, terre végétale, flore), mais aussi le paysage humain dans l'espace public. La réflexion sur la place imaginaire s'inscrit de manière revendiquée dans la pensée de Marielle Macé dans son ouvrage *Nos cabanes* : « Faire des cabanes alors : jardiner des possibles. Prendre soin de ce qui se murmure, de ce qui se tente, de ce qui pourrait venir et qui vient déjà : l'écouter venir, le laisser pousser, le soutenir. Imaginer ce qui est, imaginer à même ce qui est. Partir de ce qui est là, en faire cas, l'élargir et le laisser rêver[24]. » La mise sur pause du Nouveau Bassin signe-t-elle l'obsolescence des ZAC telles qu'elles ont été conçues à la fin des années 1960 ? Projette-t-elle une nouvelle manière de fabriquer la ville en dehors de la temporalité des projets et des grandes opérations ?

La place imaginaire démontre en tout cas qu'un travail est nécessaire à l'heure de l'Anthropocène sur ce qui fait centralité. Les centres, outre des composantes fonctionnelles, reflètent les valeurs autour

---

23. L'actualité du projet est relayée sur la page du collectif : https://bazarnaom.com/la-place-imaginaire/.

24. Marielle Macé, *Nos cabanes*, Lagrasse, Verdier, 2019.

desquelles une société locale se reconnaît. La surconsommation a créé des centres-villes principalement organisés autour de la fonction commerciale, laquelle a été appauvrie par la multiplication des franchises. Dans la perspective d'une société écologique locale, n'aurons-nous pas envie de nous retrouver autour de nouvelles valeurs telles qu'une collaboration réciproque avec le vivant ? D'autre part, beaucoup des centres-villes ou des centres-bourgs présentent une composante minérale majoritaire, à rebours d'une forte résilience climatique. N'irons-nous pas chercher des refuges de fraîcheur dans d'autres configurations d'espaces ? En d'autres termes, nous formulons ici une hypothèse : et si les jardins, les parcs et les trames vertes multifonctionnelles devenaient les centralités et les lieux d'exercice de la citoyenneté de demain ? Les artistes et designers accompagneraient alors cette dynamique en offrant des formats de rassemblement, de célébration et de contribution. La Presqu'île de Caen, en grande partie renaturée, et plus largement l'extension de la trame verte fonctionnelle s'étirant de l'abbaye d'Ardenne au nord de la ville à la vallée des deux O au sud, pourrait incarner cette nouvelle colonne vertébrale du territoire urbain.

Dans ces trois évolutions dans notre rapport à l'espace (utilisation parcimonieuse de l'espace, recompositions spatiales, modifications des centralités), nous devons gérer des deuils et des renoncements, des mouvements qui ne se construisent pas seulement avec nos têtes mais produisent de forts enjeux émotionnels et métaphysiques. Nous aurons besoin pour les affronter de culture et de spiritualité. La culture inscrit ces mutations dans le temps long des personnalités territoriales : elle est à même d'accompagner le changement tout en préservant l'héritage. Les espaces industriels en crise comme la Ruhr se sont d'ailleurs tournés dès les années 1980-1990 vers une reconversion reposant sur des outils artistiques et culturels, démontrant la nécessité d'une introspection profonde que la politique et la science ne suffisent pas à produire isolément.

Qu'est-ce que la méthode culturelle ?

La culture est la mieux à même d'accompagner les défis des sociétés écologiques locales. L'approche culturelle est avant tout une méthode de transformation territoriale qui engage un nouveau rapport au temps, si nous voulons sortir d'une instrumentalisation du champ culturel.

En finir avec l'instrumentalisation de l'acteur culturel

Les artistes ou acteurs culturels sont trop souvent mobilisés ponctuellement par les acteurs publics dans une seule perspective d'activation sans qu'une stratégie culturelle d'ensemble soit menée en partenariat.

Activer consiste, dans un contexte de transformation territoriale, à accompagner la réappropriation d'un espace ou d'un quartier à travers des dynamiques éphémères ou transitoires.

Les ZAC ou les opérations urbaines de grande ampleur comprennent de plus en plus souvent des formes de programmation artistique et événementielle à même de désenclaver des friches ou d'anciennes zones industrielles et d'augmenter leur valeur immobilière et foncière. Les exemples sont nombreux : « Vive les Groues » initiée par l'association Yes We Camp à Nanterre, la friche Saint-Sauveur à Lille ou encore le quartier Libre à Rouen. Les collectifs impliqués dans la dynamique d'activation sont généralement condamnés à trois perspectives assez peu reluisantes une fois le projet d'aménagement achevé : voir leur marge de manœuvre réduite par rapport à la phase de transition, quitter les lieux et errer d'espace en espace à la recherche d'une plus grande stabilité et/ou s'institutionnaliser quitte à perdre leur situation de marge et donc d'interface.

L'activation constitue pour ces raisons la forme la plus superficielle de la (re)vitalisation territoriale, bien qu'elle fasse naître des dynamiques loin d'être inintéressantes. Elle pourrait être opposée à l'irrigation qui rétablit progressivement la circulation et la vie plus durablement au cœur même des territoires. Celle-ci peut contribuer à redynamiser ou consolider une centralité, étendre une dynamique par dissémination, mieux intégrer et relier des espaces isolés ou renforcer au contraire des insularités et des propriétés identitaires particulières.

Contrairement à l'activation qui suppose le plus souvent le déploiement de nouveaux dispositifs *ex nihilo*, l'irrigation fonctionne par régénération et fertilisation du déjà-là. L'action culturelle menée crée de nouvelles synergies ou ajoute les mailles manquantes à une armature culturelle et citoyenne de territoire en tenant compte d'un contexte historique et géographique singulier.

L'activation se traduit en effet par des formes architecturales et culturelles parfois stéréotypées et interchangeables : mobiliers en palette, jardins partagés, signalétiques colorées, terrasses et bars. Elle contribue en cela à une uniformisation culturelle et participe trop peu à la pluriculturalité. L'activation adopte également trop souvent une temporalité linéaire. Elle s'inscrit dans une approche par projet, déroulant un ensemble de moments festifs et de livrables, sans réellement quitter un rapport hors-sol, arbitraire, voire spéculatif, aux lieux investis. Elle n'écrit pas un nouveau chapitre de la vie du territoire : tout au plus sa mécanique restera anecdotique et résiduelle.

Il manque à l'activation le luxe de la durée, un périmètre plus large qui ne prendrait pas uniquement en compte le quartier ou la zone concernée mais une cohérence d'ensemble, ainsi que des formes de continuation avec l'histoire, voire avec la mémoire des lieux et de ceux qui en ont hérité. Engager la voie culturelle pour ménager des territoires suppose de s'interroger sur les « conditions et modalités de l'héritage ». Notre intervention s'inscrit dans un temps long. Comment nous rendre dignes de ce que le passé nous laisse ? Quels héritiers voulons-nous être ? Quelles filiations reconstituer ? Les meilleurs écologistes sont des archivistes. L'espace n'est pas la seule composante à avoir été striée et entaillée par la crise écologique : le temps lui aussi a subi les affres de la discontinuité et de la table rase. La redirection écologique suppose de surmonter la « crise de l'héritage » en agissant avec les acteurs culturels sur un travail de couture et de jointure.

La culture pour engager une revitalisation profonde

Il existe deux revitalisations : la revitalisation du développement territorial classique condamnée à créer sans fin du morne et de la péremption sitôt l'action déployée et celle de l'irrigation qui rallume et maintient la vie et les conditions de la vie, qu'elle soit sociale ou écologique, partout où elle s'est éteinte.

La seconde forme, proche des pensées de la régénération[25], est éminemment plus ambitieuse et plus difficile. L'action publique et territoriale se trouve

---

25. Ben Haggard, Pamela Mang, Regenis, *Régénérer, principes fondateurs et pratiques inspirantes pour les entreprises et les territoires*, Paris, Rue de l'échiquier, 2024.

alors face à une complexité des enjeux et des défis que les stratégies politiques ou les rapports scientifiques ne suffisent pas à éclairer.

Le premier acte fondateur pour rediriger un territoire par la culture est de susciter une forme individuelle et collective d'orientation. S'orienter suppose à toutes les échelles de retrouver des repères, des ancrages, des toponymes, des liens, des « prises » au sens d'Augustin Berque, c'est-à-dire de faire naître des formes de visibilisation et de conscientisation du déjà-là. Sortir de l'Anthropocène suppose de quitter l'arbitraire, le hors-sol, l'uniforme.

Les outils à disposition des « ménageurs de territoire » et des « réhabitants » sont nombreux, anciens et représentent autant de boussoles à remobiliser : croquis, transects, dessins de nature, cabinets de curiosités, herbiers, almanachs, dioramas, empreintes.

La carte occupe dans cette dynamique une place particulière. Longtemps outil de colonisation, de maîtrise ou d'exploitation des territoires, la carte est aujourd'hui envisagée comme un médium d'horizontalité, de coconstruction et d'ouverture des possibles. Elle offre une vision élargie de l'espace pour embrasser le vivant dans son ensemble. Le collectif Terra Forma se propose ainsi dans son *Manuel de cartographies potentielles* par des représentations plissées de « prendre en compte des données et entités, humaines et non humaines, vivantes et non vivantes qui ont été invisibilisées dans les représentations conventionnelles[26] ».

La carte est à la fois un objet de connaissance qui situe, rend visible, indique, mais aussi un vecteur d'émotion, un objet artistique transportable. Elle s'inscrit en même temps dans l'action car le fond de carte et le tracé permettent d'atterrir, de trouver des compromis et de planifier, en dépassant la poursuite des seuls intérêts individuels et l'impasse du NIMBY.

Prenons une carte, observons-la minutieusement, faisons-la pivoter, imaginons ses marges et ses rebords, ce qu'elle montre et ce qu'elle ne révèle pas encore. Certes, la carte n'est pas le territoire. Mais elle lui offre un nouvel éclairage et des potentialités inédites. Cartographier est avant tout quitter un vertige, celui que décrivait Camille de Toledo[27] à propos de nos vies au-dessus du monde, pour en rejoindre un autre au moment de toucher le sol. Atterrir par la représentation laisse d'un coup unique devant nous un immense champ d'activations possibles et de démantèlements nécessaires. Les cartes deviennent des boussoles susceptibles de nous aiguiller à l'heure de l'Anthropocène.

Nous vivons une ère de renouveau cartographique et avec lui de réparation géographique. Les cartes

---

26. Alexandra Arènes, Axelle Grégoire, Frédérique Aït-Touati, *Terra Forma*, Montreuil, B42, 2019.

27. Camille de Toledo, *Une histoire du vertige*, Paris, Verdier, 2023.

ne s'enferment plus dans la seule vue zénithale, surplombante et écrasante, mais explorent la multidimensionnalité et les verticalités. Elles s'attachent à percevoir les signaux faibles et performatifs, les détails actifs et l'importance des espaces interstitiels, recousent les liens plus qu'elles ne les brisent, apportent sens et cohérence à des maillons épars.

Nous pouvons même libérer nos imaginaires cartographiques pour penser des cartes au plus près du sol, dans l'œil des animaux, ou depuis les cimes des arbres dont l'arboriste-grimpeur Thomas Brail dit qu'ils nous ouvrent à une vision aérienne et à « une troisième dimension[28] ».

Dans le cadre de la feuille de route « Caen, quartiers en transition[29] », la Ville de Caen a fait appel en 2023 au cabinet bordelais Deux degrés composé de designers, d'illustrateurs, de géographes et d'urbanistes pour animer des permanences cartographiques sur les marchés, à la sortie des écoles ou dans les pôles de vie de quartiers. La carte est ainsi utilisée à plusieurs étapes de la traduction opérationnelle de la stratégie de transition à l'horizon 2030 : pour offrir un diagnostic initial des ressources, des acteurs et des initiatives des quartiers et permettre à travers un atlas et une cartographie subjective le montage

28. www.hellocarbo.com/blog/media/thomas-brail-des-arbres-aux-planches/

29. Voir le site de Caen, quartiers en transition : https://caen.fr/caen-quartiers-en-transition.

d'engagements en « circuit court », pour coconstruire l'espace public et les aménagements à partir de fonds de carte partagés et pour mesurer la dynamique du territoire grâce au report des nouvelles initiatives sur une carte numérique.

Le deuxième acte de construction d'une bascule écologique est le passage par l'expérimentation sensible grâce à une multitude de dispositifs et de performances qui permettent de passer du stade de l'apprendre à celui de la construction progressive de nouveaux attachements. L'utilisation du street et du land art, les représentations hors-les-murs ou *in situ*, un décloisonnement des disciplines pour s'immerger dans le paysage et dans les milieux sont autant de voies possibles. Les spectacles imaginés par Patrick Scheyder en collaboration avec des jardiniers, des écologues et des arboristes-grimpeurs en particulier « Des jardins et des hommes » ou « Éloge de la forêt » sont autant de voies pour vivre à travers des textes et musiques l'expérience d'un jardin, d'un parc ou d'une coulée verte. Les refuges d'art d'Andy Goldsworthy dans les Alpes-de-Haute-Provence, les refuges périurbains réalisés plus récemment autour de Bordeaux par le collectif Bruit du Frigo ou les mégaphones géants posés au milieu des forêts estoniennes par des étudiants de l'Académie estonienne des arts contribuent à une immersion presque performative de l'espace à la manière du *friluftsliv* norvégien[30]. Le parcours artistique « Estuaire du voyage » à Nantes permet lui aussi une appropriation directe du fleuve. Dans tous ces exemples, le passage par l'expérience donne à traverser et à appréhender des signaux, des liens et des indicateurs faibles, de petits détails qui pris isolément n'ont que peu d'importance mais qui sont structurants en raison de leur accumulation. Ces prises sont autant de fragments de territoires parfois oubliés à raviver pour initier ou accélérer des transformations individuelles ou collectives. Elles favorisent la décélération et l'accroissement de la présence.

La culture et ses composantes artistiques offrent d'activer un troisième levier : le ménagement de pauses et de silences entraînant une forme de synchronisation. Nous avons besoin dans une société où les cadences sont de plus en plus individualisées de recréer un rythme commun, de nous rassembler[31]. La mise sur pause de la Presqu'île et le projet Débord(i)ons est une forme de synchronisation. Au cours de l'été 2024, la cérémonie d'ouverture des Jeux olympiques imaginée par Thomas Jolly a véritablement fait naître la Seine comme colonne active de l'habiter francilien (y compris en tentant de la rendre « baignable »), alors même que son rôle avait

---

30. Le *friluftsliv* se définit comme une « philosophie pratique de la vie en plein air ».

31. Une éthique et une politique des rythmes sont aujourd'hui à écrire à toutes les échelles.

déjà été souligné dans le cadre de la Consultation internationale du Grand Paris. L'événement crée un « choc positif », catalyse les engagements, exhume une généalogie et resémantise la citoyenneté. Il permet de passer de la contemplation à la célébration et donc à une forme active et plus permanente, voire plus ritualisée d'implication.

La voie culturelle permet alors sur un quatrième plan la coévolution avec les territoires grâce à l'engagement et au déploiement d'une « pensée pratique » en lien avec chaque contexte géographique et historique. La coévolution est un exercice individuel et collectif de refondation et de construction à partir du corps, d'éveil de notre empathie, de mobilisation de l'ensemble de nos intelligences et de restauration de notre puissance d'agir dans une agradation et un ménagement des milieux dans lesquels nous habitons. Les dispositifs s'inscrivent dans des constructions locales à l'échelle d'une rue, d'un quartier ou d'une biorégion à l'instar du Parlement de Loire à Tours ou du collectif « Nous sommes Orne » autour de Caen. L'art et l'artisanat s'associent pour constituer autant de moyens de renouer avec des compétences pratiques servant nos besoins autant que la santé écologique du territoire (travail parcimonieux de la terre, permaculture, fabrication de *low-tech* bas-carbone). Le mouvement de la Désobéissance fertile incarne parfaitement cette philosophie associant frugalité, mobilisation d'une diversité de savoir-faire, création de communs et soin porté aux écosystèmes[32].

La coévolution change radicalement nos temporalités d'agir. Opérations, projets, stratégies, ces mots ont tissé le visage d'un développement territorial trop souvent linéaire et construit au profit des seuls humains. La temporalité de la redirection écologique est bien plus itérative et cyclique : elle associe les 3D conceptualisés par Patrick Scheyder (passé-présent-futur), suit les saisons, accueille et reçoit autant qu'elle projette, accepte l'incertain et la sérendipité.

Par la notion d'incrémentalisme, l'architecte Lucien Kroll a été l'un des pionniers d'un autre rapport à l'action : « Les programmistes sont des embaumeurs : ils transforment une action vivante (habiter, étudier, faire loger...) en un schéma obligatoirement figé et stérile. Les résultats de cette méthode sont effrayants : il n'existe que des problèmes, jamais de processus. À l'inverse, l'incrémentalisme se préoccupe de l'information vivante du contexte. Il refuse de décider trop tôt les étapes suivantes ni la totalité de l'opération sans la soumettre aux évènements de chaque phase, au "fur et à mesure". L'incrémentalisme devient la façon écologique de décider, par la participation continue de

32. https://desobeissancefertile.com/aggrader/

toutes les informations et de tous les informateurs qui surgissent inopinément[33]. »

La culture ne fige pas mais s'inscrit enfin dans une forme continue de fertilisation. Elle réinterroge en permanence les pratiques, accroît les questionnements, ajuste et diversifie par la création et l'art du décalage. Le mouvement de la banalyse[34] a ainsi associé artistes et chercheurs qui luttaient contre la bureaucratie et la colonisation du réel par la valeur marchande, qui prenaient « le risque de l'ennui » et prônaient la rencontre du politique avec le poétique. Ils ont en particulier produit des photographies inversées : le banc sur l'esplanade et non le monument et ont attendu le train qui ne passerait jamais dans la gare désaffectée.

Les dispositifs culturels facilitent aussi le crantage des acquis, amortissent les effets rebonds et les retours en arrière. Dans le cadre d'une extension de la redirection écologique, des crispations et replis peuvent apparaître en contrepoint. L'introduction d'une nouvelle configuration engendre des phénomènes d'amortissement qui laissent parfois croire à un rétropédalage, avant que la phase de généralisation

---

33. Lucien Kroll, « Pour une éco-alphabétisation », *Alter architectures Manifesto*, Thierry Paquot, Yvette Masson-Zanussi, Marco Stathopoulos, Paris, Eterotopia, 2012.

34. Marie-Liesse Clavreul et Thierry Kerserho, *Éléments de banalyse*, préface de Pierre Bazantay et Yves Hélias, éditions Le Jeu de la règle, 2016.

et de banalisation ne s'enclenche. La représentation artistique ou la mise en récit contribuent alors à désamorcer un raidissement des positions. L'humour s'immisce ainsi progressivement dans les sensibilisations aux écogestes (gestion de l'eau et des déchets, habitudes alimentaires) ou pour ouvrir un sas de décompression face à l'écoanxiété : stand-up écolo, Greenwashing Comedy Club, nouveau clown. Les conférences du géographe Frédéric Ferrer ou le spectacle créé par les CPIE de Normandie *Debout les vaches, la mer monte* en sont de bons exemples.

Acteurs, veilleurs ou gardiens ?

Quand nous construisons une société écologique locale, sommes-nous encore acteurs au sens le plus traditionnel du terme ou devenons-nous aussi un peu veilleurs ou même gardiens ?

Dans une perspective de redirection écologique, nous nous inscrivons dans l'histoire longue du territoire et dans sa personnalité. Nous ne « territorialisons » pas nos politiques, le territoire nous invite, nous accueille et nous reçoit. La transition écologique figure parmi les mutations qu'il a eu à connaître et face auxquelles il a opposé des ressources et des modalités d'adaptation et de reconfiguration. Nous n'agissons pas « sur » mais « avec » les milieux, les aléas naturels, les générations futures.

Les voies culturelles sont parfois discréditées et apparaissent comme peu rassurantes par rapport à des schémas de décision ou d'action fondés sur un seul raisonnement analytique. L'action culturelle se donne pourtant une rigueur plus intégrée et plus ambitieuse que la seule stratégie : créer des dispositifs durables de présence et de coprésence. Le collectif Dispositions le rappelait dans *Rattachements. Pour une écologie de la présence*[35] : « La question de la présence que nous voulons placer au centre de notre compréhension de l'écologie concerne la notion même d'action politique. Comprendre la catastrophe environnementale comme un problème à régler, avoir comme but de vaincre les changements climatiques demeure un oubli de soi qui se projette sur le monde. Ce qu'il faut rétablir, ce n'est pas le climat, mais notre attachement au monde. »

Parmi les acteurs culturels, les artistes incarnent parfaitement cette autre exigence de vérité. Ils arrachent aux spectateurs leur passivité pour les ériger « en acteurs de leur propre expérience[36] », mobilisent l'ensemble des sens et réunissent expérience esthétique et expérience ordinaire. Ils mènent ainsi un travail de mise en résonance qui ne peut être qu'unique et non reproductible. En cela, ils proposent des compétences robustes et des moyens très concrets face à la complexité de l'Anthropocène.

---

35. Collectif Dispositions, *Rattachements. Pour une écologie de la présence*, Toulouse, Présence(s), 2021.

36. Anne Mœglin-Delcroix, « L'art comme alternative à la philosophie : un défi d'artiste », *L'Observatoire*, n° 41, 2012/2.

Les sentiers urbains ou métropolitains aménagés par un grand nombre de collectivités sont un bon exemple de nouvelles infrastructures culturelles essentielles à la redirection écologique et à une construction active de la présence. Le GR 2013 Marseille-Provence né dans le cadre de la Capitale européenne de la culture a été pionnier en France. Depuis, un réseau des sentiers métropolitains s'est constitué associant Paris, Avignon, Toulon, Angoulême. Il porte nombre de réflexions sur les espaces publics, la création et l'avenir de la fabrique urbaine[37]. La Ville de Caen a également travaillé sur un réseau de Sentiers Nature et y a adossé une programmation culturelle. Ceux-ci connectent patrimoine, héritages et identités des quartiers avec une poursuite de leur transformation. Inauguré en 2024, le sentier « Terre & Mer » interroge en particulier la présence ancienne de l'eau pour remettre en perspective l'impact des inondations et de la submersion marine.

Les itinéraires que les sentiers proposent tracent progressivement une organisation alternative des flux et des points de sociabilité dans une perspective élargie au vivant dans son ensemble. Ils offrent également une lecture du territoire et du paysage, des espaces d'expérience, un support ouvert d'éducation populaire et citoyenne, un commun à coconstruire,

---

37. Voir les ressources du réseau des sentiers métropolitains : https://metropolitantrails.org/fr.

articulant l'éveil, la relation sensible et l'engagement. Les sentiers, facilement accessibles au public, gratuits, ont tout le potentiel pour être les maisons de la culture ou les MJC de demain.

Les sentiers sont des matrices d'aménagement et des agoras actives pour réfléchir sur notre rapport à l'habiter. Ils invitent à ouvrir notre esprit critique en réinterrogeant régulièrement les lieux où nous vivons et à défendre une qualité dans la relation à nos environnements bâtis et non bâtis. La présence génère une forme continue d'actualisations et d'ajustements, au besoin à travers la médiation de sentinelles. Le rapport corporel à l'espace produit des formes d'empathie et d'expression du soin.

Poser la question de la présence dans la politique publique suppose de s'interroger sur la place que le beau peut y occuper. Nos agir, pris dans les carcans de l'efficacité, ont perdu de leur beauté : l'expression d'une parole que nous évoquions au début de cette partie, la construction du symbolique, la hauteur de vue, la réhabilitation des mémoires blessées et des dignités perdues.

Renouer avec la maison commune

Les hôtels de ville portent un surnom que les élus reprennent à chaque cérémonie : la « maison commune ». Chaque mot de cette expression est à sa place. L'action politique et les systèmes productifs se sont autonomisés et ont perdu de leur dimension intégrative.

En Norvège, au Danemark ou en Suède, il est courant de trouver des mairies où cohabitent en un même lieu bibliothèque, centres de ressources sur les politiques communales, services d'accompagnement des citoyens, *fablab* et *living lab* et exécutif politique. En suédois, le mot « État-providence » et le mot « foyer » sont d'ailleurs le même : *Folkhem*. Les Synergies de Muttersholtz associent de la même manière dans une ancienne synagogue salle du conseil municipal, gymnase, lieu de spectacles, hébergement pour les personnes âgées et place du marché.

Dans les maisons, nous renouons avec la tradition républicaine des célébrations, des rituels, des carnavals. Nous disons : « nous existons ensemble ! », « nous demeurons ensemble ! ». La maison commune n'est pas un support technocratique ou bureaucratique mais un espace d'expression libre des citoyennetés. Elle représente un lieu de culture au sens le plus large et le plus inclusif du terme au sein duquel l'action politique locale trouve ses meilleurs appuis.

Nous vivons des années 0, l'Anthropocène nous transforme en Janus : exaltés ou angoissés, mais en décalage constant avec nous-mêmes et avec nos aspirations les plus profondes. À la frustration des agriculteurs, des ouvriers, s'ajoute celle des employés, des classes moyennes.

Nous vivons une société de l'écart, et la protestation contre l'écart n'a pas encore trouvé un cadre apaisé pour sa parole. Dans une maison, de l'intime, de la chaleur, de la communion, de l'intégrité, mais pas d'écart.

Il peut paraître étonnant d'incarner l'espace public le plus ambitieux par une maison. Nous avons besoin pourtant de cesser de nous répandre pour apprendre à accueillir. L'accueil est le vrai levier de l'écologie : accueillir ses rêves, la douleur, le vivant, le vécu, la transmission, l'émotion, l'étrangeté, l'étranger, l'impromptu. Les murs porteurs mais la porte ouverte.

4

LES MAISONS DE L'ÉCOLOGIE CULTURELLE EN ÉCLAIREURS

Le réseau des maisons de l'Écologie culturelle est né en 2023 inspiré des maisons de la culture créées par André Malraux au début des années 1960. Nous partageons aujourd'hui un certain nombre de problématiques avec cette époque : la nécessité de refaire nation, une redirection/reconstruction, un besoin de démocratisation culturelle et de décentralisation à l'échelle des territoires de l'éducation citoyenne et populaire à l'écologie. Les maisons de l'Écologie culturelle sont des espaces fédérateurs d'expériences pour renouer avec notre culture écologique. Elles proposent un programme annuel composé d'événements, de performances, d'enseignements, d'ateliers ou de chantiers et contribuent à un engagement citoyen et démocratique autour d'un nouveau lien avec la nature et avec notre environnement.

Les maisons sont situées dans des écosystèmes propices ou émergents dans des villes, bourgs et villages de tailles variées. Elles constituent un maillage du territoire, et s'implantent dans des lieux tels que des écoles et universités, des lycées, des écoles d'enseignement supérieur, des bâtiments publics, des bibliothèques, des tiers-lieux, des centres socioculturels, des MJC, des jardins partagés, des pavillons des transitions, des centres d'art.

Elles contribuent à ouvrir les habitants sur l'espace qui les entoure en valorisant des singularités artistiques (école de peinture, représentations dans la littérature), historiques (mobilisations environnementales passées), ou géographiques (fleuve, bassin-versant, massif montagneux, communauté côtière, terroir). Les transitions ne seront pas conduites partout de la même manière et les maisons de l'Écologie culturelle promeuvent cette diversité des situations et des ressources locales. Les maisons de l'Écologie culturelle sont un espace public engagé sur les enjeux écologiques. Elles accueillent des citoyens de tous âges, de toutes origines, de toutes conditions et de toutes sensibilités politiques ou religieuses. Comme les maisons de la culture en leur temps, elles défendent une éducation populaire, universelle et civique au vivant sous toutes ses formes.

Le programme des maisons de l'Écologie culturelle repose sur cinq piliers : célébrer, expérimenter, rassembler, créer, construire. Il doit inciter à se projeter dans l'avenir avec optimisme, envie concrète de s'engager et soin porté à la cohésion sociale et à la prise en compte des plus fragiles. Penser la culture à un niveau plus global de la société, faire culture commune et arborer fièrement nos richesses culturelles doivent devenir de véritables ambitions écologiques.

Les artistes et les artisans sont une source d'inspiration pour le programme éducatif des maisons de l'Écologie culturelle. Les maisons développent en effet une « pensée pratique » à travers une multitude de formats puisant dans nos intelligences sensibles, manuelles, intuitives, voire analogiques, et non seulement analytiques. Elles développent une culture écologique accessible à tous.

Le réseau des maisons - unique en France - est donc à la fois :

- un espace pour documenter la diversité des territoires, leur histoire, leur personnalité, la succession de leurs transitions ;
- des lieux d'émergence d'une pensée pratique à travers des livres, des tribunes, des

représentations artistiques, des engagements civiques et citoyens ;
— une plateforme de création et de diffusion pour des artistes, chercheurs, artisans, enseignants ;
— un réseau national et une plateforme de mutualisation.

Les Synergies – L'espace culturel, sportif et citoyen au cœur de Muttersholtz

Par Patrick Barbier, Michel Renaudet et Julien Rodrigues

Les Synergies ! C'est le nom choisi pour l'espace culturel et sportif au cœur de notre village, à l'intersection des mobilités douces, autour de l'ancienne synagogue. Ce nom résume à lui seul le passé et l'avenir de notre commune. Il rappelle que trois communautés religieuses y ont vécu ensemble, en harmonie. Le mot même de synagogue signifie « le lieu de l'assemblée ». L'espace des Synergies, c'est aussi le lieu où l'on rassemble toutes les bonnes volontés, toutes les énergies qui souhaitent s'investir dans la vie du village, au service de démarches sportives, citoyennes ou culturelles. Les Synergies rappellent également la démarche de territoire à énergie positive de cette commune et sa volonté de construire l'avenir de manière responsable. Son projet culturel repose sur deux piliers méthodologiques : l'accueil d'artistes en résidence sur le temps long pour leur permettre de créer et d'innover dans un espace accueillant et l'éducation artistique et culturelle pour œuvrer au renforcement des pratiques culturelles et à l'éveil citoyen sur le long terme.

« Ce sont les idées qui mènent le monde »
(Ernest Renan)

Les Synergies, nouvelle maison de l'Écologie culturelle depuis janvier 2024

La commune de Muttersholtz est connue pour œuvrer en faveur de la transition énergétique et, plus généralement, de la transition écologique. Avec Les Synergies, elle espère aussi travailler à la transition des esprits. Nos habitudes, nos envies, nos modes de vie sont façonnés par notre éducation, nos valeurs et nos imaginaires. Or, nous savons aujourd'hui qu'il faudrait plusieurs planètes pour garantir le mode de production et de consommation occidental. Pourtant, nous avons grandi avec l'idée que cela était possible et il nous faut aujourd'hui bifurquer. Comment inventer collectivement un avenir désirable, plus sobre et plus libre ? C'est à cela que nous espérons travailler au sein des Synergies, en nous inscrivant dans le réseau des maisons de l'Écologie culturelle, avec l'idée de faire dialoguer le monde de la culture et celui de l'écologie, en mobilisant les émotions, les rêves et la beauté au service d'une plus grande conscience.

La maison de l'Écologie culturelle est caractérisée à la fois par son environnement naturel et humain. Située dans le Ried d'Alsace Centrale, une vaste zone humide préservée dans la plaine rhénane, la question de l'eau, sous toutes ses formes, nous préoccupe et nous façonne. Cela se retrouve dans notre programmation et nos partenariats. En effet, comme son nom l'indique, la salle des Synergies se veut le lieu de la visibilisation de l'écosystème humain qui permet à la commune de Muttersholtz de réaliser l'ensemble de ses actions de transition : Maison de la Nature, Syndicat d'eau, collectifs d'artistes, associations naturalistes, FRAC... Tous ces acteurs contribuent à la programmation par leurs histoires, leurs spécificités et leur volonté de s'adresser au plus grand nombre.

De par son projet culturel, la commune et ses partenaires mènent des actions visant à la transition des esprits : résidence participative et itinérante dans les douze villages de la communauté de commune de Sélestat autour des « nouveaux imaginaires de la sobriété », création collective autour des droits de l'eau et de la nappe phréatique, cycle de conférences scientifiques et artistiques pour changer les regards sur les mares, les champignons, la féralité, les inondations...

La salle des Synergies, au sein du réseau des maisons de l'Écologie culturelle, souhaite agir comme un laboratoire de la transition des esprits. Nous le faisons à notre modeste échelle, tout en étant conscients que sans action sur les structures de nos sociétés, nos modes de production et de consommation, nos choix politiques, la structuration du champ médiatique, publicitaire et culturel, nous ne pourrons changer d'échelle et infléchir durablement les imaginaires.

L'Écolieu du Laring (Monein), du nom de la rivière qui nous borde

Des engagements singuliers au pluriel.

Par Séverine Le Pan, cofondatrice de l'écolieu du Laring

« On ne défend bien que ce qu'on a appris à aimer... », raconte Francis Hallé lors de sa dernière conférence sur la côte basque. Ce botaniste merveilleux explique aussi comment il prend le temps de dessiner avec ses mains (qu'il montre) les végétaux rencontrés lors de ses missions dans les forêts primaires, pour les comprendre, mais surtout se souvenir du contexte. Son témoignage tisse à la fois la pureté des lignes, sa simplicité, à son immense expertise intellectuelle en arborescence.

Ce sont ces valeurs que nous partageons avec le mouvement de l'Écologie culturelle, une volonté d'ancrage et d'action qui rendent accessible et intéressante l'écologie.

Cette sorte de fertilisation croisée entre l'écologie, l'art et la culture n'enlève rien à la complexité de la question très actuelle de comment HABITER la Terre aujourd'hui face aux grands défis qui nous attendent. Mais elle rend le champ libre à l'expérience d'initiatives de territoires à échelle humaine.

Si nous nous sommes reconnus dans l'appel de ce manifeste de 2022, c'est avant tout sur la base d'une sensibilité créatrice comme moteur de changement. Comment concevoir des lieux à la fois préservés et ouverts, des cadres et des projets qui non seulement respectent la biodiversité mais favorisent, inventent et agradent réellement des écosystèmes dynamiques et pérennes ?

De l'école à l'écolieu

« Une société écologique
est une société apprenante »

Manifeste de l'Écologie culturelle

École de quartier du Haut Candeloup de 1870 à 1973, l'écolieu du Laring, rénové à partir de 2018, est un lieu symboliquement fort et rempli de souvenirs pour les anciens des alentours. Ils ont été heureux et concernés de voir ce corps de ferme réhabilité après avoir été inoccupé pendant plus de dix ans. Les langues se sont alors déliées sur l'histoire du pays. Ici, en Béarn, c'est la question de la TRANSMISSION des exploitations et des terres agricoles, essentiellement vigneronnes (le Jurançon) et de polyculture avec ou sans troupeau, qui est au cœur des problématiques des familles depuis des décennies. Nos activités liées en partie à cette ruralité ne laissent personne indifférent, il faut alors régulièrement prendre le temps de parler, d'expliquer, de montrer avec ceux et celles qui en expriment l'envie sur un territoire pyrénéen très authentique et préservé.

L'évolution de la vie dans les campagnes et leurs agriculteurs est un sujet qui nous tient à cœur et au corps. Nous ne sommes pas des néoruraux avec le désir un peu utopique de rejoindre la « nature » après une vie « à la ville ». De par nos parcours, dont l'un est celui d'un fils d'agriculteurs, ancien entrepreneur agricole, nous partageons profondément les valeurs du monde rural, avec ses richesses et ses problématiques. C'est en connaissance de cause et avec une conviction profonde que nous vivons, structurons et agissons là où nous sommes. L'enjeu est simple, et cependant un véritable défi : nous enrichir de nos différences afin de ne pas tomber dans le piège du repli identitaire des campagnes d'un côté, ou des nouveaux dogmatismes des écocitoyens citadins, fraîchement convaincus et souvent très arrogants de l'autre. Avec des sujets de crispations, et des projections très marquées de part et d'autre. Il est urgent de créer des lieux pédagogiques de citoyenneté qui n'excluent plus mais qui incluent. Prendre le temps du bon sens et de l'altérité, pour protéger notre patrimoine et nos paysages et tous leurs habitants, humains ou non.

Activer les conditions d'espérer

« Un nouveau niveau d'intérêt personnel, collectif »

Joanna Macy

Nous proposons des réponses probablement insuffisantes et modestes face aux problèmes actuels, mais pour autant ce sont des stratégies efficaces pour rester vivants et ouverts, sortir des cartographies subjectives de plus en plus virtuelles et tendre vers des pratiques quotidiennes organisées, vivantes et saisonnières. Comme dans tous les écosystèmes, il s'agit de favoriser les équilibres dynamiques à partir de choses *a priori* disparates ou opposées, de pouvoir dire comme Walter Benjamin, dans les périodes politiquement troubles : « Organisons le Pessimisme. »

Organiser donc, et faire vivre des expériences immersives qui peuvent changer les imaginaires : stages, chantiers participatifs, accueils de retraites, *woofing*, festivals, séjours familles ou coliving. De nombreuses personnes nous disent après un passage ici : « Merci de me montrer que c'est possible ! »

Ainsi à partir de ces deux pratiques complémentaires des deux cofondateurs, l'écoconstruction d'un côté, portée particulièrement par Lucien Muzart, et l'intelligence collective et la cocréation de l'autre, facilitée par Séverine Le Pan, sur des valeurs communes de relations très fortes à la Terre et au vivant, nous avons su susciter l'envie à d'autres personnes aux compétences plurielles de venir nous rejoindre. Nous sommes alors passés tout naturellement du fameux « développement personnel », première étape nécessaire pour sortir des ornières, au joyeux défi du « développement collectif » !

Concrètement et en synergie : pratiquer ensemble

> « En démocratie, le citoyen ne se réalise ni en tant que spectateur, même averti, de l'exercice du pouvoir par les dirigeants, ni en tant qu'agitateur. C'est par l'expérience bien comprise qu'il participe véritablement à la vie des groupes et des lieux auxquels il est relié »
>
> Joelle Zask

Bien habiter, bien accueillir : l'écoconstruction

Accueillir dans la beauté est un grand privilège, donner accès à un lieu de charme et d'harmonie est une expérience qui se passerait bien de mots. Notre lieu, avec ses salles de pratiques et ses vingt-cinq couchages en plusieurs gîtes, inspire et sert d'écrin à notre propos, rares sont ceux qui ne témoignent pas d'un grand respect en passant la porte de la cour centrale, enfants, ados, adultes ou seniors. En juillet 2023, nous essaimons lorsqu'un viticulteur du plateau nous propose une autre propriété à la vente. Achetée sous la forme juridique d'une SCIA (société civile immobilière d'attribution) à cinq familles, nous créons l'habitat partagé de Pierre Blanche (du nom du chemin qui la borde) et, qui à terme de la rénovation, deviendra une copropriété. Cinq logements indépendants de 40 à 90 m² et des espaces communs, éco- et autoconstruits, pour un prix et un confort thermique défiant toute concurrence, entre 900 et 1 100 euros le mètre carré, achat et rénovation compris. Depuis, forts de cette expérience du collectif, nous proposons des stages, des chantiers participatifs et des ateliers pour démocratiser nos pratiques (matériaux biosourcés, bioclimatisme, construction bas-carbone, vivre-ensemble, accès à l'autonomie et à la résilience énergétiques).

Bien manger : agroécologie et permaculture

Nous avons plusieurs jardins, un verger, une serre, une forêt, deux potagers, l'un pédagogique et l'autre en plein champ. En 2022, nous accueillions Andy et Jessy Darlington pour un cours certifié de permaculture de quinze jours en immersion, un temps fort pour la vie de l'écolieu. Maîtriser le processus de la graine à l'assiette a beaucoup de sens et de cohérence au regard de tous les repas que nous préparons en collectif autour des événements culturels et de nos formations. Abondance, ancrage et qualité de goût, nos jardins et nos assiettes sont diversifiés et joyeux ! Depuis deux ans, nous proposons des trocs de graines en synergie avec nos stages enfants, un temps précieux de pédagogie active où chacun repart chez lui avec sa boîte à outils de petit jardinier. Et ça marche ! Cependant, nous sommes encore très loin d'une véritable résilience alimentaire et il nous faudra encore quelques années pour atteindre cet objectif.

Bien se relier : la cocréation, la communication

Dans les écosystèmes non coupés de la Terre comme ceux des peuples premiers ou autochtones, ou tout simplement sans la présence humaine, il y a toujours une organisation organique et vitale assez difficile à appréhender rapidement. Ces structures visibles et invisibles reliées à des fonctions précises, à des cosmogonies originelles et/ou à des espaces naturels de proximité régénèrent et proposent des ressources dans un but de bénéfices mutuels. Sans verser dans la nostalgie ou le folklore idéalisé, nous pouvons admettre que cela manque cruellement à nos vies consuméristes. Explorer librement et en toute sécurité des états de perception où faire grandir sa spontanéité, sa créativité, où trouver sa propre narration par des médiations de danse, chants, écriture, dessins, musique, land art sont des expériences fondatrices. Nos gestes et nos actes sont plus forts et sereins lorsqu'ils sont chargés d'une symbolique poétique incarnée grâce aux éléments de la nature (les arbres, la rivière, les chemins, la roche, la nuit, le lever du soleil, le ciel, les vols d'oiseaux...). En lien, en présentiel et pour de vrai : partager ! Un art au service du vivant, très inspiré par le travail de Lawrence et Anna Halprin du Tamalpais Institut, auquel l'une d'entre nous a pu se former en Californie.

Bien-être du corps - bien vivre - bien vieillir

Le pôle santé - bien-être pour la régénération, la récupération avec sauna et bain norvégien sur le site et bains froids en rivière, des pratiques de yoga, stretching, jeûne, massage, marche en forêt, et toutes formes liées aux soins du corps et de l'âme sont des pratiques incontournables pour trouver des passages cohérents et viables durablement. Nous proposons toute l'année et reliés aux saisons des retraites, week-ends et stages pour retrouver les chemins naturels de la détente profonde.

Veiller à l'ouverture, continuer d'être curieux : la solidarité internationale et les partenariats locaux

Nous sommes tous attentifs à nous remettre en question pour éviter la consanguinité ou le repli sur notre « réussite ». Notre projet ne cesse d'évoluer parce que nous avons besoin de renouveler, d'échanger, de comprendre, de soutenir et d'être soutenus. Mettre en lien des lieux alternatifs, des collectifs d'artistes, des projets engagés autour de la souveraineté alimentaire, continuer à soutenir des indignations collectives, les relayer, inviter des philosophes, des acteurs locaux, projeter des films, promouvoir des spectacles engagés... Bref, continuer ce maillage interculturel, intergénérationnel et surtout pluridisciplinaire pour nous réinventer, promouvoir une société civile audible et entendue sur les sujets qui nous regardent.

Petite goutte d'eau du Laring traverse les terres pour se jeter dans l'océan...

Bien sûr, notre société est actuellement à l'orée d'une sorte de processus de paix et de négociations nécessaires avec un système essoufflé et délétère. Il continue sa course folle et fait sortir la Terre de ses gonds. Urgence donc à rendre visibles et à partager nos outils capables d'activer de véritables transversalités entre tous ces mondes jusqu'ici opaques et cloisonnés, à remonter nos manches. Il y a beaucoup de pistes de travail, les trois premières : susciter l'envie, passer à l'acte et garder le cap !

Regards de Mômes - Bécherel

Par Sébastien Guinard
avec la collaboration des membres
de l'association Regards de Mômes

À partir d'ici, de l'endroit où nous avons semé un mômemt, un événement devenu rituel, une fête qui a pris racine dans les jardins. Ici, dans les jardins, nous nous retrouvons avec nos regards de mômes, à l'abri au-dehors, nous œuvrons face au vent, les pieds mouillés, pour ouvrir des espaces verts cachés. Nous nous retrouvons pour leur donner de l'éclat, leur trouver une place dans nos vies.

Une place pour les jardins, une autre pour l'enfance, avec l'urgence de réveiller les corps oubliés de nos enfants intérieurs. Ici, on joue ensemble à faire, à agir, à sentir et à ressentir l'épreuve du collectif, on vit ensemble des mômemts pour trouver une place à tous.tes, une place aux différences et une place aux autres vivants. Vous savez les autres qu'humains !

Bécherel est une petite cité de caractère, composée d'un vieux quartier fait de murs et de maisons en pierre, d'un quartier avec quelques immeubles des années 1970, d'un lotissement des années 1980-1990 et d'autres maisons, le long de l'axe routier qui sépare le village en deux. L'ensemble de son patrimoine et de son matrimoine hérite de cette culture des

Terres paysannes qui organisait son marché, dans des halles facilement repérables de loin. Bécherel est un lieu d'échange qui continue de faire « marché » pour y vendre des livres et des productions d'autres pratiques artisanales. On y échange et partage des pratiques culturelles autour des livres et des mots, on y dessine des récits inspirés de la terre et des femmes et des hommes, un croisement de matières, d'énergies et d'informations qui se transforme en « bavardages », en parlés, mélangés des pratiques et des rencontres. Ce bourg rural est un lieu de passage, un milieu où l'on échange, une bordure entre des territoires où l'on vient montrer et parler de ce que l'on fait.

On retrouve tout cela dans les jardins, un mélange d'habitants qui cultivent une forme de vie ouverte sur les liens, les relations, et une expression orale et corporelle des activités du quotidien. Dans les espaces moins humabités, les graines arrivent d'ici et d'ailleurs et forment des jardins foisonnants, le sol est vivant collectif, fait de racines multiples et de diversité.

Regards croisés sur nos racines, nous prenons le temps de faire des ateliers pour faire de nos prairies ou jardinets des espaces ouverts sur le vivant, sur l'ensemble du vivant au-delà de nos souvenirs, de nos mémoires, le corps en Terre. On essaye de proposer des moments pour reprendre Racines, on invite à écrire, à s'écrire et à se le dire, à partager des mots.

On s'installe sur le marché avec une caravane pour recueillir des mots et partager ce qui s'écrit avec les gens d'ici. Nous proposons des ballades contées dans les chemins creux qui sillonnent le territoire pour partager les histoires du coin et découvrir les vivants qui nous entourent. On s'essaye à relier nos corps à nos milieux de vie, on se donne le droit d'être singulier.ère au milieu de l'ensemble collectif qui nous compose. Nos activités à l'année prennent racine dans la mémoire du lieu autant que dans les expériences de chacun.e, elles s'inspirent de l'expérience des gens de pays, comme des jardinier.ère.s avec lesquel.le.s nous partageons des chantiers collectifs pour nourrir nos potagers, mais aussi des conteur.euse.s et raconteur.euse.s pour partager la veillée, sortir de l'écran pour aller se retrouver dans les salons de certain.e.s, à écouter des histoires, à jouer ensemble, à partager nos lectures.

Nous vivons l'urgence de reprendre corps, de se faire une place en corps vivants, pleins du monde qui grouille autour de nous, pleins de l'envie de se composer avec d'autres, nous continuons d'ouvrir nos jardins à un moment pestaculaire lors de notre événement annuel.

Chaque début d'été, on écrit une nouvelle page de rassemblement, un peu comme un rituel, on se retrouve avec des ami.e.s des quatre coins de la France. Il y a une place pour les mômes, un Môment Concert dont iels sont les acteur.ice.s principaux.ale.s.

Iels forment le temps d'une soirée un corps commun, un collectif, une compagnie, iels s'autogèrent et nous invitent à entendre leurs appels à profiter du moment, leurs urgences à jouir de ces instants qui dépassent nos errances personnelles, à partager avec tous.tes celleux qui nous entourent le simple fait d'être vivant.e.s vibrant.e.s.

On commence ici nos trois journées de festival, à cet endroit qui n'existe qu'avec le concours de chacun.e, et les heures laissent passer les flux de sensibilités qui composent le lot d'émotions communes et singulières de chaque édition.

Chaque été, nous vivons ce besoin de faire ensemble, en composant un milieu vivant où chaque artiste, chaque intervenant.e, chaque bénévole, chaque festivalier.ère peut se faire une place. Une place pour l'urgence de vivre ensemble, de se nourrir de celleux qui viennent d'ailleurs, une place pour vivre nos liens autres qu'humains, pour s'en émouvoir au détour d'un spectacle, d'une pratique, d'une rencontre ou d'un repas. Nous vivons chaque élément comme une partie de notre culture, de notre nature, et avec chacun de ces éléments nous espérons provoquer le franchissement de cet écran de fumée qui nous détache de nos milieux de vie. Nous œuvrons, comme ouvrier.ère.s de la soustraction des corps à ces sociétés anaturelles, à ces récits de vie déficients ou absents à nos propres corps, à notre nature propre.

Ouvrir à l'autre versant, ce meta non virtuel, une métanoïa, un changement complet qui laisse émerger depuis les milieux vivants un monde réel, corporel qui dépasse la solastalgie pour observer d'autres manières d'inspirer la modernité.

Nous sommes un collectif qui tend à former nos corps singuliers et pluriels par les expériences vécues, à mieux relier nos cerveaux aux réalités de nos environnements plus qu'à celles de nos sociétés techniques, capitalistiques, numériques, virtuelles. Nous sommes une compagnie, un corps qui devient de plus en plus robuste au contact des autres, de ces vivants autres qu'humains, nous proposons à chacun.e de découvrir ses liens à l'ensemble vivant qui le compose. Nous vivons dans le relief formé par les peurs et les joies d'être une partie vivante d'un corpsTerre trop grand pour être maîtrisé.

Nous proposons d'essayer de vivre comme une partie d'un corps vivant, de dépasser nos vies comme partie d'une société ! Nous œuvrons à recréer des liens avec nos milieux de vie.

Nous proposons de partager nos expériences, nos épreuves et nos pensées pour construire des mots, des mouvements et de nouvelles formes à nos manières d'être.

Nous essayons de passer au travers de l'écran qui nous propose d'avoir des objets, de l'énergie et maintenant de l'information...

Nous acceptons de poser des regards de mômes sur la nature de notre culture d'êtres vivant.e.s !

Ici, nous tissons des liens entre les vivants, cela a déjà pris la forme d'un événement, de textes à plusieurs mains, de spectacles, de marionnettes géantes, d'ateliers, de plats cuisinés, de design de jardins, et dernièrement on a composé un livre en collectif avec des naturalistes, des artistes, des habitants et nos regards de mômes. Ce carnet est une invitation à observer les vivants de notre village, il les rend visibles aux yeux de tous ceux qui le parcourent. Mais il rend également visibles les liens des jardiniers avec leurs milieux vivants habités, les liens poétiques qui dépassent les portraits illustrés des végétaux et des animaux, et les bonnes pratiques pour préserver la présence de cette diversité dans nos jardins.

Cet objet compostable laisse une place aux mots de ses lecteurs, il est aussi un support pour ouvrir des ballades contées autour de ce lieu de vie, et d'autres ateliers de poésie pour continuer de croiser nos langages de gens de pays, de vivants d'un milieu ou de plusieurs lieux, pour sentir et ressentir nos corps accepter nos milieux de vie, et construire nos nouveaux cadres de vie en milieu vivant.

Pour nous, c'est tout ça l'Écologie culturelle, tout ça et tout ce qui n'est pas encore advenu, tous les possibles qui ne nous ont pas encore parcourus. C'est une manière d'habiter au-dehors, le corps composant d'un milieu plus que d'une société.

Le Bazarnaom - Caen

Par Cendres Delort
Avec la complicité de Claire Crozet
Membres solidaires du collectif Bazarnaom

L'Écologie culturelle est un mouvement contemporain qui émerge de la conscience et de la responsabilité collectives face à l'abîme du bien commun, et d'un héritage environnemental et comportemental inquiétant, voire alarmant.

Par ce constat, elle réinterroge nos usages au quotidien, notre regard sur un territoire habité et notre relation à l'existant, au vivant.

Dans ce contexte dystopique, l'Écologie culturelle ouvre une nouvelle dynamique, avec une mobilisation citoyenne et intergénérationnelle pour expérimenter le savoir-être, le savoir-dire, le savoir-faire et le savoir-vivre. Cela bouleverse ainsi toutes les postures !

L'idée est de tendre vers une transformation sociétale, en portant une attention particulière à la diversité des altérités et des initiatives alternatives et citoyennes où s'expérimentent la convivialité, la créativité et le désir de concertation et de coopération, pour réparer et prendre soin du bien commun.

Observer, s'adapter et faire avec le vivant.
Être en présence sur le territoire.

Ouvrir une brèche d'espoir et de liberté.
S'épanouir avec beauté et sobriété.

Le collectif Bazarnaom s'est inscrit sur le territoire de la Presqu'île de Caen en 2020, au temps de la pandémie de Covid-19 et des confinements successifs français. Une ancienne friche industrialo-portuaire, un patrimoine en pleine réhabilitation urbaine, entourée d'un canal relié à la mer et d'un cours d'eau : l'Orne. Un territoire très exposé à la montée des eaux et à la pollution des sols.

Dans cette période inédite, la crise sanitaire a mis au ban les professionnel.les de la culture et les droits culturels avec ; elle a mis en lumière la précarité de la jeunesse, tout comme le système de santé publique.

Dans ce contexte incertain, le collectif a investi un bâtiment vide et vétuste, une réserve foncière mise à disposition temporairement par la Ville de Caen.

Une grande mobilisation de notre champ sectoriel a permis de mener un chantier sur deux ans, pour recréer notre lieu de résidence avec des espaces de travail et des outils mutualisés, à partir du réemploi de matériaux et de décors. Avec cet élan de solidarité et de survie, le collectif a nécessairement transformé son écosystème pour ne pas qu'il s'effondre.

Par ailleurs, son socle de valeurs humaines s'est remodelé par le simple fait d'arpenter ce territoire à la marge, avec ses paysages mutants et singuliers, et la rencontre de notre voisinage proche, des usagers et des autres structures culturelles et sociales présentes.

Occuper un lieu

Le bâtiment que nous avons investi a été conçu comme une petite ville, avec ses différents quartiers, traversés par une rue principale qui mène à la place du village, où se situe une cantine. Toutes les façades font figure de décors en écho aux studios de Cinecittà. La scénographie du lieu dégage un sens esthétique très fort, elle invite le regard à la contemplation et à la beauté. Au-delà de l'agencement et de l'organisation de nos espaces de travail, le collectif Bazarnaom a réalisé une œuvre collective créative et conviviale, avec des chantiers participatifs incluant divers types de personnes : des bénévoles du collectif, des habitant.es de la Presqu'île, des jeunes de passage en région... Ces temps privilégient la rencontre, la transmission, les échanges et l'interconnaissance mutuelle.

Ainsi, de nouveaux usages se sont inscrits dans ce lieu, comme la mise à disposition de la cantine et de la place du village pour accueillir des initiatives citoyennes. Par exemple la Soupe populaire, devenue un rendez-vous hebdomadaire incontournable qui permet d'apaiser un peu la précarité des habitant.es, de réguler parfois des conflits, d'être un repaire pour se mettre au chaud, à l'abri et se nourrir d'un bon repas cuisiné par une vingtaine de bénévoles, en écoutant de la musique, quelquefois en *live*. Ainsi, le Bazarnaom ouvre ses portes aux voisin.es un jour par semaine par nécessité et solidarité. Et chaque année, nous coorganisons et accueillons aussi une journée de soutien pour collecter des fonds et garantir le maintien et l'accueil de la Soupe populaire au sein de notre lieu.

Habiter un territoire

La nature même d'une friche industrialo-portuaire est un terrain d'exploration, de curiosité et d'histoires. Nous avons ainsi structuré des temps de résidences immersives sur plusieurs années avec un regroupement fluctuant d'artistes, pour collecter et documenter les traces de ce territoire. Ce fut un véritable laboratoire de sciences humaines et sociales appréhendé par une multiplicité de regards et de pratiques artistiques.

Dans cette démarche expérimentale et au long cours, nous avons ainsi créé collectivement un atlas de la Presqu'île, par le dessin, la photographie, des entretiens sonores et des installations temporaires dans l'espace public. Ce processus de recherche a déplacé nos modalités de travail par le décloisonnement des pratiques artistiques et par le prisme d'un territoire à défricher.

Coopérer

Dans le projet de réhabilitation de la Presqu'île, plusieurs structures culturelles se sont implantées, ce qui offre aujourd'hui une diversité de lieux et d'usages : le Cargö (salle de musiques actuelles), le Dôme (centre de culture scientifique), le Pavillon (lieu dédié à l'architecture, à l'urbanisme et au paysage), la bibliothèque Alexis de Tocqueville, l'ESAM (école supérieure d'arts et médias) et des LII (lieux intermédiaires et indépendants) comme le Bazarnaom et les Ateliers intermédiaires.

Avec la plupart de ces structures, nous avons constitué un pôle territorial de coopération associatif pour mener ensemble des initiatives et contribuer à la transformation de notre territoire et à la coconstruction du quartier aux côtés de la collectivité territoriale Caen la mer, nécessairement basée sur la transition écologique.

Dans un premier temps, nous avons élaboré un diagnostic sur la faisabilité d'une ressourcerie culturelle et artistique. Puis, dans le cadre du Millénaire de Caen, nous avons coécrit le projet Arts/Sciences/Société à partir d'enjeux communs que nous avons identifiés : la transition écologique, les droits culturels, l'éducation populaire, la mutualisation et la transmission des savoirs. Ce projet, intitulé « Débord(i)ons », propose un parcours sur la Presqu'île, en s'appuyant sur la présence majeure de l'eau et de ses problématiques existantes.

C'est un nouveau champ d'expérimentation qui s'achemine sur ce territoire, avec notamment la création d'un nouveau lieu public, temporaire : la place imaginaire.

La culture est un levier de redirection écologique à toutes les échelles. Elle est comme un champ intermédiaire habité par une très grande diversité de langages, de couleurs et de formes. Son ADN est éclectique, transversal, en mouvement perpétuel. Elle est inhérente au vivant, ce qui fait l'histoire de notre humanité : la danse, la sculpture, la peinture, le cirque, la musique, la photographie, la littérature, le théâtre ou le cinéma... Autant de perceptions que d'enjeux narratifs qui s'écrivent avec et dans le temps qui passe.

C'est un espace d'inventivité, d'audace, d'éveil et de partage qui ouvre le regard et la pensée collective à ce qui nous relie ou ce qui nous éloigne aussi les un.e.s des autres.

C'est enfin un lieu de débats, d'idées en jachère, de contestation et d'intérêt public.

Qu'est-ce qui devrait changer pour faciliter ces leviers ? La concertation et la coconstruction avec les collectivités territoriales, les élu.e.s, les actant.e.s et les usager.ère.s d'un territoire : c'est d'abord une question d'ouverture et de curiosité pour accueillir et comprendre les différents points de vue, les usages et modalités professionnels spécifiques à chaque secteur et structure. Cela permet de constituer un langage commun, horizontal et transparent pour amorcer le travail d'une concertation collective et mettre en œuvre une transition émancipée, égalitaire et salvatrice pour notre plus grand bien public.

Écolieu Pahá - Thury-Harcourt Le Hom

Par Elsa Motin et Boris Bailleul

Partir de l'écologie ?

L'écologie est souvent présentée comme une tentative de description du vivant. Parfois, nous avons collectivement la sensation de progresser, de mieux comprendre l'univers, les écosystèmes, leurs interdépendances. Parallèlement et sans invoquer la moindre science, nous savons intimement que tout ce qui vit pulse et que chaque être vivant contient en lui-même tout ce que « l'écologie » pourrait nous apprendre. Humains, non-humains, chaque corps n'est-il pas un écosystème en soi, un univers, de l'écosystème, de l'univers ? Alors, les idées se multiplient, font des fractales, ça fait écrire des milliers de livres, ça nous occupe... L'écologie est-elle mieux comprise pour autant ? Le vivant est-il mieux préservé ? Car que veut-on ? Savoir ? Dire à quel point on sait, à quel point on savait déjà ? Veut-on poursuivre la documentation de la catastrophe ? Veut-on gagner quelques degrés de raffinement intellectuel ? Pousser toujours plus tôt nos enfants dans l'abstraction ? Concrétiser toutes nos idées ? Veut-on vivre ? Comment veut-on vivre ?

Notre culture de masse nuit. Elle se développe contre la vie sauvage, contre la beauté spontanée de l'univers. Elle concentre les pouvoirs, place la majorité sur les bancs des spectateurs à regarder autre chose que la vie.

Nous invitant à quitter cette projection sans fin, l'Écologie culturelle exprime une première évidence : tout le monde a le pouvoir de créer une autre histoire à se raconter.

Nous pouvons nous raconter que les humains ne sont pas intrinsèquement mauvais, destructeurs, pollueurs. Les enfants savent ça. Les enfants jouent, et pendant qu'ils jouent, ce sont bien les adultes qui rendent sérieusement, méthodiquement, la chambre inhabitable, la planète entière devrait-on dire.

Cultiver de l'espace pour la vie, du temps pour les rêves

L'Écologie culturelle nous invite donc à la création. Spontanément nous aurions envie d'imprimer dans la matière une nouvelle œuvre, une de plus. Nous tomberions dans les travers de l'idée de transition qui nie trop vite l'effet rebond, l'addition, où les solutions « plus écologiques » viennent s'ajouter à tout le reste, comme de nouvelles offres, *but green*, dans le grand marché mondialisé. En réalité, si nous avons à créer, c'est avant tout de l'espace, et du temps.

Des espaces volés à la marchandisation, à l'extractivisme, à l'entretien des tondeuses, des robots, des espaces où les cycles peuvent s'exprimer, où les herbes poussent, les chardons, les ronces, tout ce qui vient, comme ça vient. Où les renards, les blaireaux, les pies, les indésirables de toutes espèces ne sont pas empêchés d'exister. Où les humains qui passent n'ont rien à prouver, à gagner, à performer. Où nous sommes proprement inutiles, où le nerf de la guerre ne peut rien, où la paix est donc possible. Chaque espace recréé, réenchanté, sera une touche de couleurs dans l'œuvre collective, dans ces paysages d'abondance. On y retrouvera l'expression de la diversité culturelle, cela sera merveilleusement imprévisible, insaisissable aux egos, accessible à tous.tes.

Là, nous sentirons dans nos corps que l'espace a besoin de temps pour évoluer en milieux. Les milieux nous enseigneront le temps, le temps long, très long. Ce sera notre deuxième grande réappropriation, redevenir cocréateurs du temps. La belle œuvre aussi que de retisser du temps, et de ne plus se plaindre de courir après. Comme d'infimes parcelles d'espace retirées au presse-citron, on commencera par voler l'ombre du temps, l'idée du temps, par petits bouts. On se le volera à nous-même. On fera, l'air de rien, semblant de ne pas avoir vu l'heure tourner et on se sera attardé sur une murmuration. On aura observé, on aura rêvé. Quand on n'aura plus peur du regard de l'autre, ce sont des pans entiers de nos vies que nous sacraliserons. Le temps ne sera plus dérobé mais consacré à célébrer notre présence ici comme celle de tous les humains et non-humains qui partagent ça avec nous. L'Écologie culturelle prendra mille formes de célébration. Le temps sera confisqué à la guerre, extrait à la vitesse, subtilisé aux programmes, soustrait à tout objectif. En définitive, la recréation du temps pour le temps sera un savoir, l'apprentissage de ce qu'est un commun.

Faire de l'Écologie culturelle la célébration des communs

La vie aura retrouvé son espace d'expression, le temps sera abondant, suffisant pour y rêver, et enfin nous aurons compris dans le corps ce que sont les communs : l'eau, la pulsation universelle, la diversité, l'humus, des communs comme des compagnons sans âge qui hébergent, nourrissent, fécondent nos imaginaires et laissent heureux. Et voilà la joie ! La joie émergente d'un espace, d'un temps, d'une absence de but, d'un partage. La joie, cet autre commun qu'une Écologie culturelle pourrait encourager.

Ouvrir des espaces

À Pahá, nous ressentons un immense privilège d'avoir été traversés par une même intuition, cette idée que nous n'avions qu'à ouvrir un espace, qu'à laisser le temps œuvrer. Il n'a jamais été question d'avoir un projet. Sans originalité aucune, nous cherchons à vivre dans la joie, à permacultiver ce sentiment. On se le redit sans cesse, la joie a besoin d'espace, de temps, et de partage.

L'approche de l'écolieu Pahá peut se résumer ainsi : nous commençons toujours par ouvrir un espace. Selon la saison, selon là où nous en sommes, selon la météo, ce peut être un espace de discussion à propos d'un livre écologique, un espace d'atelier les mains dans la terre, un espace d'expression vocale, corporelle, un espace de méditation, un espace d'expérience, un espace d'observation des ronces en train de couver un arbre… Tout part de cette simple proposition. Cette approche impose peu, elle laisse une grande place à l'écoute, à la perméabilité, elle fait spontanément ressortir le territoire, ce qui pulse tout autour. Une fois l'espace ouvert, nous travaillons notre discrétion. Ce n'est pas toujours facile. On essaye de parler d'empreinte légère, ce n'est pas pour y aller avec nos gros sabots.

Il n'y a pas de dirigisme. En réaction, c'est d'ailleurs toujours surprenant de voir à quel point notre société forme des individus peu à l'aise avec cette liberté concrète. Beaucoup veulent des consignes, une recette, un résultat final. Beaucoup viennent consommer. Se raconter autre chose sur soi-même permet une autre posture, c'est l'un des détachements à faire pour tendre vers une autonomie de penser, une souveraineté dans nos intimités, et surtout une relation directe (et non dictée par un autre) avec ce qu'on s'est habitué à nommer la nature. On n'enseigne pas à observer, on ouvre un espace, on laisse le temps, et on fait confiance. Toutes les formes d'expressions culturelles, à toutes les échelles, ont besoin de la même chose pour s'épanouir. Il nous semble que les maisons de l'Écologie culturelle suivent aussi ce principe : d'abord ouvrez un espace, puis observez ce qui vient. Avec cette intention modeste, ce qui advient est en adéquation avec les besoins réels du territoire, ni plus, ni moins. C'est une manière douce de trouver des solutions. Parallèlement, c'est aussi de temps en temps un révélateur violent de ce qui nous travaille en profondeur.

Toujours chercher l'ouverture

Une culture en bonne santé est ouverture. Visite après visite, nous comprenons que l'écologie ne rentre pas dans nos corps à coups de connaissances scientifiques. La science est une méthode, et ce jusqu'à preuve du contraire, elle ne se confond pas avec l'ouverture qu'il faut pour admirer ce qu'elle décrit. Autrement dit, savoir le nom d'une plante n'empêche pas de la tondre.

Jour après jour donc, nous sommes témoins de cette ouverture qui n'apparaît que dans l'intimité de chacun, sans décret, ni argument. On ne cherche pas à convaincre au sein d'un écolieu. On ouvre l'espace, encore, en nous aussi, et on fait tout pour que nos regards ne se mettent pas en travers de la spontanéité des autres, que l'atmosphère à laquelle nous contribuons autorise cette ouverture. C'est ainsi qu'une personne exprimera peut-être sa tendresse pour une plante particulière, qu'un enfant suivra seul le trajet d'une fourmi, ou qu'on nous dira dans une envolée lyrique que l'écologie souffre de vies trop pressées, trop accaparées par le travail, de trop de diversions. Comme cette fois où lors de la fabrication à plusieurs d'un rocket stove, quelqu'un lança « Ah ça oui, je vivrai comme ça à la retraite », s'ensuivit un silence où chacun se disait : on a tellement peur ! Pourquoi remet-on à plus tard la possibilité individuelle et collective d'être heureux ? C'est fou à quel point cette idée met une telle pression à tout le monde !

D'autres disent « si j'étais courageux.se, je me retirerais de telle ou telle chose, je ne collaborerais plus à ça... ». Combien de générations pour nous déconditionner de notre culture de la massification du « je veux », « je veux intervenir » ? Dans une Écologie culturelle, le non-agir de Masanobu Fukuoka pourrait être une grande source d'inspiration et une invitation généralisée à (se) laisser tranquille. Laisser tranquille la vie et ne plus laisser ni espace ni temps à ce qui la détruit, dépolluer nos imaginaires, redonner de l'air aux enfants, arrêter de les charger, être enfin responsables face à eux, les aimer à travers ces communs qu'on partage, le cri d'une chouette, la brume dans les feuillages.

APPENDICE

George Sand

La forêt de Fontainebleau
Paru dans le journal *Le Temps* le 6 novembre 1872

Voici une lettre que je reçois :

« La pétition des artistes avait obtenu auprès de M. le président de la République l'accueil le plus favorable ; néanmoins l'adjudication de la plus grande partie des lots a eu lieu au jour indiqué.

» Pour essayer d'empêcher à l'avenir d'aussi vastes mutilations, les signataires de la pétition se sont constitués en *comité de protection artistique de la forêt de Fontainebleau*, et, pour bien préciser leur but, ont voté à l'unanimité la résolution suivante :

» Que la forêt de Fontainebleau doit être assimilée aux monuments nationaux et historiques qu'il est indispensable de conserver à l'admiration des artistes et des touristes. – Et que sa division actuelle en partie artistique et non artistique ne doit être acceptée que sous toutes réserves. »

Je ne suis pas bien au courant de ce qui s'est passé à l'égard de la forêt de Fontainebleau, mais peu importe. Il ne s'agit pas pour moi de critiquer ce que j'ignore, il s'agit d'approuver tout effort tenté pour la conservation de ce monument naturel, très logiquement classé par les pétitionnaires parmi les monuments nationaux. Le dépecer, le vendre, c'est l'anéantir, et je n'hésite pas à jurer que c'est là un sacrilège. Ce serait une honte de plus à ajouter aux incendies de Paris.

Triste époque en vérité que celle où, d'un côté, l'émeute détruit les archives de la civilisation, tandis que, de l'autre, l'État qui représente l'ordre et la conservation détruit ou menace les grandes œuvres du temps et de la nature. Que les unes ou les autres soient converties en ruines ou en écus, ce n'en est pas moins la destruction, et je ne sais, de ces deux vandalismes, si celui qui serait commis de sang-froid, légalement, après délibération, ne serait pas le plus stupide et le plus honteux.

Les pétitionnaires qui me demandent d'unir mes efforts aux leurs, et auxquels je donne ici une adhésion publique, invoquent avec raison le besoin des artistes et la satisfaction des touristes ; mais il y a plus que cela à invoquer, car l'opinion publique est faite par une médiocrité parfaitement dédaigneuse de la petite fraction des amants attitrés de la nature. On peut, je crois, prendre la question de plus haut encore et appeler les savants à démontrer que les forêts séculaires sont un élément essentiel de notre équilibre physique, qu'elles conservent dans leurs sanctuaires des principes de vie qu'on ne neutralise pas impunément, et que tous les habitants de la France sont directement intéressés à ne pas laisser dépouiller la France de ses vastes ombrages, réservoirs d'humidité nécessaire à l'air qu'ils respirent et au sol qu'ils exploitent.

Un illustre ami, le poète de premier ordre qui vient de nous quitter, Théophile Gautier, avait des paradoxes dont il n'était pas la dupe. Il nous disait, un jour, que les plantes étaient relativement à nous, des *suçoirs* qui absorbaient notre air respirable, et que son idéal hygiénique, à lui, était de vivre dans un jardin composé d'allées et de plates-bandes de bitume, avec de bons sièges capitonnés et des narghilés toujours allumés, en guise de parterres et de massifs.

Quelqu'un lui fit observer que si les plantes absorbaient une partie de notre alimentation aérienne, elles nous rendaient au centuple des éléments de nutrition moléculaire dont la privation nous serait mortelle. Il le savait fort bien, car il savait beaucoup, et il pouvait soutenir contre lui-même des thèses que nul n'eût mieux plaidées.

Les grands végétaux sont donc des foyers de vie qui répandent au loin leurs bienfaits, et s'il est dangereux ou nuisible de vivre éternellement sous leur ombre directe, il est bien prouvé que supprimer leurs émanations, c'est changer d'une manière funeste les conditions atmosphériques de la vie humaine. C'est supprimer ces grands éventails qui renouvellent l'air et divisent l'électricité sur nos têtes ; c'est aussi appauvrir le sol qui est doué d'une circulation pour ainsi dire sous-cutanée.

La culture gratte, peigne, assainit cette écorce délicate. Ce sont les soins de propreté nécessaires ; mais il faut que certaines parties rocheuses ou boisées échappent à ce nivellement exagéré et conservent l'humidité qui doit féconder le sous-sol à de grandes distances. Il y a fort peu d'eau apparente dans les sables et les roches de Fontainebleau, mais le sous-sol qui a permis aux arbres d'y vivre si longtemps est à coup sûr d'une richesse extrême, et qui se communique au loin. Supprimez les arbres qui, par leur ombre, rendent au sol la fraîcheur bue par leurs racines, vous détruisez une harmonie nécessaire, essentielle, du milieu que vous habitez.

Ne rétrécissons donc pas la question. Tout le monde n'est pas capable de faire une bonne étude des chênes et des grès de Fontainebleau. Tout le monde n'a pas le goût de l'essayer, mais tout le monde a droit à la beauté de ces choses, et il y a beaucoup plus de personnes capables de la sentir que d'artistes intéressés à la traduire. Tout le monde a son grain d'intelligence et de poésie, et il ne faut pas pour cela une grande éducation de développement spécial. Tout le monde a donc droit à la beauté et à la poésie de nos forêts, de celle-là particulièrement, qui est une des belles choses du monde, et la détruire serait, dans l'ordre moral, une spoliation, un attentat vraiment sauvage à ce droit de propriété intellectuelle qui fait de celui qui n'a rien que la vue des belles choses, l'égal, quelquefois le supérieur de celui qui les possède.

La rage de la possession individuelle doit avoir certaines limites que la nature a tracées. Arrivera-t-on à prétendre que l'atmosphère doit être partagée, vendue, accaparée par ceux qui auront le moyen de l'acheter ? Si cela pouvait se faire, voyez-vous d'ici chaque propriétaire balayant son coin de ciel, entassant les nuages chez son voisin, ou, selon son goût, les parquant chez lui et demandant une loi qui défende à l'homme sans argent de regarder l'or du couchant ou la splendeur fantastique des nuées chassées par la tempête ? J'espère que cet heureux temps ne viendra pas, mais je crois que la destruction des belles forêts est un rêve non moins monstrueux, et qu'on ne doit pas plus retirer les grands arbres du domaine public intellectuel que leurs influences salubres à l'hygiène publique. Ils sont aussi sacrés que les nuages fécondants avec lesquels ils entretiennent des communications incessantes ; ils doivent être protégés et respectés, ne jamais être livrés au caprice barbare ou au besoin égoïste de l'individu. Beaux et majestueux jusque dans leur décrépitude, ils appartiennent à nos descendants comme ils ont appartenu à nos ancêtres. Ils sont les temples éternels dont l'architecture puissante et la frondaison ornementale se renouvellent sans cesse, les sanctuaires de silence et de rêverie où les générations successives ont le droit d'aller se recueillir et chercher cette notion sérieuse de la grandeur, dont tout homme a le sentiment et le besoin au fond de son être.

La forêt de Fontainebleau n'est pas seulement belle par sa végétation ; le terrain y a des mouvements d'une grâce ou d'une élégance extrêmes. Ses entassements de roches offrent à chaque pas un décor magnifique, austère ou délicieux. Mais ces ravissantes clairières, ces chaos surprenants, ces sables mélancoliques deviendraient navrants, peut-être vulgaires s'ils étaient dénudés. Les sciences naturelles aussi ont le droit de protester contre la destruction des plantes basses que ferait bientôt disparaître le dessèchement de l'atmosphère avec la chute des grands végétaux. Le botaniste et l'entomologiste sont gens sérieux qui comptent autant que les peintres et les poètes ; mais au-dessus de toute cette élite, il y a, je le répète, le genre humain qu'il ne faut pas appauvrir de nobles jouissances, surtout au lendemain de guerres atroces qui ont souillé et détruit tant de choses sacrées dans la nature et dans la civilisation. Français, nous avons tous, ou presque tous, des enfants ou des petits-enfants que nous prenons par la main pour les promener avec l'idée, à quelque classe aisée ou malaisée que nous appartenions, de les initier au sentiment de la vie qui est en nous. Nous leur faisons regarder, là où nous nous trouvons avec eux, tout ce qu'ils doivent comprendre, un navire, un convoi de chemin de fer, un marché, une église, une rivière, une montagne, une ville. Depuis la boutique de pain d'épice où le petit prolétaire voit de petites formes barbares d'hommes et d'animaux, jusqu'aux musées ou le bourgeois promène son héritier en lui expliquant comme il peut ce qu'il admire ; depuis le sillon où l'enfant du paysan ramasse une fleur ou un caillou, jusqu'aux grands parcs royaux et à nos jardins publics, où riches et pauvres peuvent s'instruire en regardant ; tout est sanctuaire d'initiation pour l'enfant ou pour l'adulte privé de développement, qui veut sortir de cette enfance trop prolongée. Je sais bien qu'il y a un prolétaire sombre ou bavard, sinistre ou passionné qui ne rêve que la lutte sociale, ne regarde rien et ne prend aucun soin d'élever son esprit au niveau du sort qu'il prétend conquérir ; mais il y a le prolétaire universel, l'enfant, c'est-à-dire l'ignorant de toutes les classes, celui qu'on peut encore former pour la vie sociale et pour les luttes mieux comprises et mieux posées de l'avenir. Celui-là, chacun de nous l'a sous la main, car c'est l'élève de son cœur, le rejeton qu'il porte dans ses bras. Il le promène, il le dégrossit, il lui explique les objets nouveaux ; si l'élève est intelligent, de bonne heure il est capable de s'intéresser à toutes les choses que l'existence lui propose de posséder par le fait ou par la pensée.

Eh bien, quand vous l'aurez conduit dans tous les centres d'où la vie sociale rayonne, ou sur tous les chemins où elle fonctionne, quand vous lui aurez appris ce que c'est que l'industrie, les sciences, les arts et la politique, il y a encore une chose dont il ne se doutera pas si vous ne la lui avez pas révélée, et cette chose c'est le respect religieux du beau dans la nature. Il y a là une source profonde de jouissance calme et durable, une immersion de l'être dans les sources mystérieuses d'où il est sorti, une notion à la fois pieuse et positive de la vie, dont vos chemins de fer, vos machines, vos navires, vos manufactures, vos théâtres et vos églises ne lui auront pas encore donné une idée nette et vraie. Il aura appris comment la vie s'emploie ou se prodigue, comment l'homme s'utilise ou se dépense ; il ne saura pas comment la vie se produit et se renouvelle, comment l'homme se sent et s'appartient. Le tumulte de l'existence sociale fait que nous agissons, la plupart du temps, sans savoir pourquoi, et que nous prenons nos passions ou nos appétits pour des besoins réels. Le recueillement est la chose qui manque le plus et dont tout nous détourne. La société est lancée à toute vapeur dans une vie artificielle de tous points, appétit ou vanité à satisfaire sous toutes les formes ; elle n'a pas d'autre but, d'autre illusion, d'autre promesse dans l'appréciation des masses.

Réagissons un peu, c'est-à-dire le plus que nous pourrons, car, hélas ! ce ne sera encore qu'un peu, contre ce torrent qui emporte notre progéniture dans ses ondes troublées. Ne réduisons pas notre horizon aux limites d'un champ ou à la clôture d'un jardin potager. Ouvrons l'espace à la pensée de l'enfant ; faisons lui boire la poésie de cette création que notre industrie tend à dénaturer complètement avec une rapidité effrayante. Eh quoi ? Dès à présent, le jeune homme qui sent vivement cette poésie est un être exceptionnel, car, dans la plupart des familles de nos jours, on est convaincu que contempler c'est perdre son temps, que rêver est habitude de fainéantise ou tendance à la folie. Et pourtant on est sensible à la beauté d'un paysage, et on ne voudrait pas que l'élève eût la brutalité de ne pas le voir.

Je sais cela, je le reconnais, car je ne suis pas de ceux qui font systématiquement la guerre aux bourgeois. Je n'ai jamais fait de croisade contre les épiciers. Je suis persuadé qu'on peut vendre des câpres et du girofle, et savoir que ce sont là des plantes adorables, non seulement parce qu'elles rapportent de l'argent, mais parce qu'elles sont gracieuses et charmantes. Je crois qu'on peut être un bon paysan et tracer un sillon irréprochable sans être sourd au chant de l'alouette et insensible au parfum de l'aubépine. Je veux même qu'il en soit ainsi. Je veux qu'on puisse être parfait notaire et poète à ses heures en parcourant la campagne ou en traversant la Seine. Je veux que tout homme se complète et qu'on ne lui interdise aucune initiation. C'est un préjugé de croire qu'il faut savoir les délicatesses du langage, les ressources de la palette, la technique des arts pour être en soi même un critique délicat et pour soi-même un sensitif exquis. Exprimer est une faculté acquise, mais apprécier est un besoin, par conséquent un droit universel. Que les artistes l'éclairent et le consacrent, c'est leur mission ; mais invitons tous les hommes à s'en servir pour eux-mêmes, à en avoir la jouissance et à savoir la chercher, la savourer, sans se croire dispensés pour cela d'être bons épiciers, bons laboureurs ou parfaits notaires, si telle est leur vocation.

Il y a plus, une éducation exclusivement artistique n'est pas un moyen infaillible de développer dans l'homme le sentiment du beau et du vrai. Il y a là trop de discussion, trop de conventions, trop de métier ; à force d'apprendre comment il faut voir et comment il faut exprimer, il est bien possible que le disciple de tant de maîtres perde souvent le don de voir par ses yeux et de produire avec le sens qui lui est propre. La nature ne se livre pas ainsi au commandement du professeur ; essentiellement mystérieuse, elle a sa révélation particulière pour chaque individu et s'empare de lui par un procédé qu'elle ne répète pas pour un autre. Il faut la voir soi-même et l'interroger avec ses propres tentacules. Elle est éloquente pour tous, mais jamais traduisible jusqu'au fond, car elle a tous les langages, et, sous la prodigalité de ses expressions diverses, elle a un dernier mot caché qu'elle garde pour elle et que, Dieu merci, pour l'art, l'homme cherchera éternellement. Aucun peintre, aucun poète, aucun musicien, aucun naturaliste, n'épuisera cette coupe de beauté qui toujours déborde après qu'il y a bu à longs traits. Après les plus splendides buveurs, les moindres oisillons trouveront toujours de quoi se désaltérer, et quand vous vous serez assimilé à tous les artistes, tous les poètes, tous les naturalistes, vous aurez encore tout à apprendre si vous n'avez pas vu la nature chez elle, si vous n'avez pas, en personne, interrogé le sphinx.

Quelle conquête à entreprendre pour l'homme, et je dis pour tout homme actuellement vivant ou à naître. Entrer dans la nature, chercher l'oracle de la forêt sacrée et rapporter le mot, ne fût-ce qu'un mot qui doit répandre sur toute sa vie le charme profond de la possession de son être ! Cela vaut bien la peine de conserver les temples d'où cette divinité bienfaisante n'a pas encore été chassée !

Car il est temps d'y songer, la nature s'en va. Sous la main du paysan les grands végétaux disparaissent, les landes perdent leurs parfums, et il faut aller loin des villes pour trouver le silence, pour respirer les émanations de la plante libre ou surprendre le secret du ruisseau qui jase et qui coule à son gré. Tout est abattis, nivellement, redressement, clôture, alignement, obstacle ; si, dans ces cultures tirées au cordeau qui ont la prétention de s'appeler la campagne, vous voyez de temps en temps un massif de beaux arbres, soyez certain qu'il est entouré de murs et que c'est là une propriété particulière où vous n'avez pas le droit de faire entrer votre enfant pour qu'il sache comment est fait un tilleul ou un chêne. Le riche a seul le droit de conserver un petit coin de la nature pour sa jouissance personnelle. Le jour où la loi agraire serait décrétée, il ne resterait plus un arbre en France. En Berry, on mutile l'orme pour nourrir les moutons, l'hiver, avec la feuille et pour chauffer le four avec les branches. Il n'y a plus que des têteaux, c'est-à-dire des monstres.

Tout le monde sait l'histoire du saule blanc en France ; c'est notre plus bel arbre, celui qui atteint les plus imposantes dimensions. Il n'en reste peut-être pas trois ; mais certaines régions sont couvertes de petites boules de feuillage blanchâtre ayant pour support une grosse bûche informe toute crevassée, c'est là le saule blanc, le géant de nos climats.

La plupart des grandes étendues boisées se sont resserrées. Où trouver maintenant la forêt des Ardennes ? Les forêts qui subsistent sont à l'état de coupes réglées et n'ont point de beauté durable. Les besoins deviennent de plus en plus pressants, l'arbre, à peine dans son âge adulte, est abattu sans respect et sans regret. Que de colosses admirables les personnes de mon âge ont vu tomber ! Il n'y en a plus, il faut inventer des charpentes en fer, on ne pourra bientôt plus trouver ni poutres ni chevrons. Partout le combustible renchérit et devient rare. La houille est chère aussi, la nature s'épuise et l'industrie scientifique ne trouve pas le remède assez vite.

Irons-nous chercher tous nos bois de travail en Amérique ? Mais la forêt vierge va vite aussi et s'épuisera à son tour. Si on n'y prend garde, l'arbre disparaîtra et la fin de la planète viendra par dessèchement sans cataclysme nécessaire, par la faute de l'homme. N'en riez pas, ceux qui ont étudié la question n'y songent pas sans épouvante.

On replantera, on replante beaucoup, je le sais, mais on s'y est pris si tard que le mal est peut-être irréparable. Encore un été comme celui de 1870 en France, et il faudra voir si l'équilibre peut se rétablir entre les exigences de la consommation et les forces productives du sol. Il y a une question qu'on n'a pas assez étudiée et qui reste très mystérieuse : c'est que la nature se lasse quand on la détourne de son travail. Elle a ses habitudes qu'elle quitte sans retour quand on les dérange trop longtemps. Elle donne alors à ses forces un autre emploi ; elle voulait bien produire de grands végétaux, elle y était portée, elle leur donnait la sève avec largesse. Condamnée à se transformer sous d'autres influences, la terre transforme ses moyens d'action. Défrichée et engraissée, elle fleurit et fructifie à la surface, mais la grande puissance qu'elle avait pour les grandes créations elle ne l'a plus et il n'est pas sûr qu'elle la retrouve quand on la lui redemandera. Le domaine de l'homme devient trop étroit pour ses agglomérations. Il faut qu'il l'étende, il faut que des populations émigrent et cherchent le désert. Tout va encore par ce moyen, la planète est encore assez vaste et assez riche pour le nombre de ses habitants ; mais il y a un grand péril en la demeure, c'est que les appétits de l'homme sont devenus des besoins impérieux que rien n'enchaîne, et que si ces besoins ne s'imposent pas, dans un temps donné, une certaine limite, il n'y aura plus de proportion entre la demande de l'homme et la production de la planète. Qui sait si les sociétés disparues, envahies par le désert, qui sait si notre satellite que l'on dit vide d'habitants et privé d'atmosphère, n'ont pas péri par l'imprévoyance des générations et l'épuisement des forces trop surexcitées de la nature ambiante ?

En attendant que l'humanité s'éclaire et se ravise, gardons nos forêts, respectons nos grands arbres, et, s'il faut que ce soit au nom de l'art, si cette considération est encore de quelque poids par le temps de ruralité réaliste qui court, écoutons et secondons nos vaillants artistes ; mais nous tous, protestons aussi, au nom de notre propre droit et forts de notre propre valeur, contre des mesures d'abrutissement et d'insanité. Pendant que, de toutes parts, on bâtit des églises fort laides, ne souffrons pas que les grandes cathédrales de la nature, dont nos ancêtres eurent le sentiment profond en élevant leurs temples, soient arrachées à la vénération de nos descendants. Quand la Terre sera dévastée et mutilée, nos productions et nos idées seront à l'avenant des choses pauvres et laides qui frapperont nos yeux à toute heure. Les idées rétrécies réagissent sur les sentiments qui s'appauvrissent et se faussent. L'homme a besoin de l'Éden pour horizon. Je sais bien que beaucoup disent : « Après nous la fin du monde ! » C'est le plus hideux et le plus funeste blasphème que l'homme puisse proférer. C'est la formule de sa démission d'homme, car c'est la rupture du lien qui unit les générations et qui les rend solidaires les unes des autres.

Nohant, 6 novembre.

TABLE DES MATIÈRES

Conception graphique de la couverture :
Laure Bombail

Composition et mise en pages :
Nord Compo

Correction :
Nord Compo

Éditions Apogée
contact@editions-apogee.com
www.editions-apogee.com

Publié avec le concours de la Région Bretagne
et de Rennes Métropole

ISBN 978-2-84398-878-3

Achevé d'imprimer en avril 2025
Sur les presses de Sepec numérique
Dépôt légal : mai 2025
Imprimé en France